GOLDMANN
ESOTERIK

Buch

Sandra, eine Tschechin, die seit der Flucht aus dem besetzten Prag des Jahres 1968 in München lebt, ist eine Hexe, die über starke spirituelle Kräfte verfügt. Wenn sie schlechter Laune ist, kann es vorkommen, daß Rolltreppen stehenbleiben; wenn sie im Fernsehen interviewt wird, zerspringt auch mal eine Studiolampe.

Ein Märchenwesen aus längst vergangener Zeit?

Keineswegs: eine moderne, attraktive, selbstbewußte Frau, die im Einklang mit kosmischen Kräften lebt und arbeitet und besonders Frauen zu Mut und Zuversicht verhelfen möchte. In ihrem fesselnden Buch, das sich ebenso an Frauen wie an Männer richtet, erfahren wir alles Wissenswerte über vielfältige Aspekte und Techniken des Hexenkults, die unseren Alltag bereichern und »verzaubern« können: Kabbala, Beschwörungsformeln, Fernheilungen durch Energieeinsatz, Magie mit Hilfe von Ritualen, Amuletten, Runen und Tarotkarten.

Daneben zeichnet Sandra ehrlich und erfrischend unkonventionell die wichtigsten Episoden ihres bewegten Lebens auf, die gleichzeitig entscheidende Stationen auf ihrem Weg zur Hexe waren: Kindheits- und Jugenderlebnisse in Prag, ihre abenteuerlichen Erfahrungen im tiefsten westafrikanischen Voodoo-Gebiet, ihre Flucht in die Bundesrepublik nach dem »Prager Frühling«, interessante und nachdenklich machende Geschichten aus ihrer täglichen Arbeit.

Ein unkonventionelles, spritziges und zugleich weises Buch, das es uns ermöglicht, mit all unseren Sinnen in die geheimnisvolle und faszinierende Welt der Hexenmagie einzutauchen.

Autorin

Sandra, geboren 1940 in Prag unter dem Sternzeichen Zwillinge (Aszendent Zwillinge), entstammt einem alten Adelsgeschlecht. Nach der Ausbildung am Tanzkonservatorium und der Akademie der Schönen Künste war sie als Schauspielerin, Tänzerin, Autorin und Dolmetscherin tätig, bis sie mit ihrem Mann, einem Tropenarzt, einige Jahre in Westafrika verlebte. Nach Prag zurückgekehrt, floh sie nach dem Scheitern des »Prager Frühlings« in die Bundesrepublik. Die Mutter dreier erwachsener Kinder lebt und arbeitet als Hexe in München.

SANDRA
Ich, die Hexe

Bekenntnisse und Rituale
aus einem magischen Leben

aufgezeichnet von Stefan Esser

GOLDMANN VERLAG

Originalausgabe

Der Goldmann Verlag
ist ein Unternehmen der Verlagsgruppe Bertelsmann

Made in Germany · 7/91 · 2. Auflage
© 1991 by Wilhelm Goldmann Verlag, München
Umschlaggestaltung: Design Team München
Umschlagfoto: Claire Reindl
Druck: Presse-Druck Augsburg
Satz: Uhl + Massopust, Aalen
Verlagsnummer: 12134
Lektorat: Brigitte Leierseder-Riebe
Herstellung: Heidrun Nawrot/Sc
ISBN 3-442-12134-5

Inhalt

Für meine geliebte Tochter
Adriana und meinen
besten Freund Thomas

Vorwort

Es war am Sonntag, dem 26. Oktober 1986. Ein ruhiger, warmer, sonniger Tag in Los Angeles. Ich hatte einen dreieinhalbmonatigen Südamerikatrip hinter mir und wollte vor meinem Rückflug nach Deutschland noch ein paar Wochen in Kalifornien verbringen. Von Kolumbien war ich nach Honduras, dann weiter nach New Orleans und ein paar Tage später zum Besuch von Freunden nach Los Angeles geflogen. Jetzt wohnte ich schon ein paar Tage hier im schönen, dreistöckigen Holzhaus direkt an der Hermosa Beach. An diesem Sonntag waren wir, meine Freundin Joan und ich, gerade von einem zweitägigen Skiausflug in den Rocky Mountains zurückgekommen.

Am Spätnachmittag wurden wir vor dem Haus abgesetzt und brachten die Reisetaschen in Joans Wohnung im zweiten Stock des Hauses, der gleichzeitig auch der oberste Stock des kleinen, hölzernen Dreifamilienhauses war. Die Familie im Erdgeschoß war weggefahren, ebenso wie die Freunde aus dem ersten Stock. Es herrschte sonntägliche Stille. Nur aus der Ferne das leise Rauschen des Pazifiks, der seine Wellen am mächtig breiten Strand ausrollen ließ. Joan und ich gingen auf der schmalen Treppe im Freien einen Stock tiefer. Wir hatten George, dem Manager eines Reisebüros, versprochen, die Woche über, die er mit seiner Frau in Mexiko verbringen würde, seine Vögel zu füttern. Wir betraten die Wohnung, und plötzlich rief Joan ganz aufgeregt nach mir. Ihre Rufe drangen aus dem Schlafzimmer, wo der Käfig mit den Vögeln stand.

Beide Kanarienvögel lagen tot am Boden des Käfigs. Wasser- und Futternapf waren voll, der Käfig war sauber, George und Alice waren ja erst am Abend zuvor weggefahren.

Ich öffnete den Käfig und berührte einen der Vögel; er war

7

noch warm, der andere auch. Sie waren knapp ein halbes Jahr alt und hatten dasselbe Futter bekommen wie die vier weißen Vögel in dem zweiten Käfig in der Küche, die putzmunter waren. Verwundert ging ich wieder aus dem Zimmer, in den Flur – und hörte plötzlich Schritte über mir. Kräftige, abgehackte Schritte. Die Decke war höchstens zwei Meter zehn hoch und – wie das ganze Haus – aus Holz, so daß man exakt einschätzen konnte, an welcher Stelle der nächste Schritt aufgesetzt wurde. Tok, tok, tok, tok, etwa zehnmal den Gang aufwärts, dann abwärts. Dann wieder aufwärts. Ein paarmal. Dann wurden die Schritte schwächer – so als würde die Person, die da ging, leichter und leichter werden –, bis sie schließlich ganz verschwanden.

Aber was für eine Person? Im ganzen Haus war niemand, schon gar nicht in Joans Wohnung darüber, aus der wir ja eben selbst gekommen waren.

Ich raste hinauf, schloß die Tür auf. Natürlich war niemand da. Natürlich? Was war hier bitte natürlich? Wieder nach unten. Joan zuckte mit den Schultern und sagte fast beiläufig: »Das werden wohl die Geister gewesen sein.«

George hatte mir ein paar Tage vorher, als wir uns bei den Nachbarn nebenan auf einer großen Terrassenparty getroffen hatten, erzählt, es spuke manchmal in seiner Wohnung. Er hatte ein kitschiges Pseudokaminfeuer in seinem Wohnzimmer, gasbetrieben. Dieses ginge, »all of a sudden«, öfter von selbst an. Obwohl er den Gashahn stets korrekt zugedreht hatte. Und beim Fernsehen sei ein dickes Modemagazin, das vor ihm und seiner Frau Alice auf dem Couchtisch gelegen hatte, wie von Geisterhand nach oben geschwebt, quer durch den Raum gesegelt und dann mit einem Platsch auf den Boden gefallen. Dann sei für rund sechs Wochen seine sündhaft teure französische Armbanduhr unauffindbar gewesen. Verschwunden, alles Suchen hatte nichts geholfen.

Und plötzlich, als seine Frau am Küchenbuffet stand und Zucchini schnipselte, sei die Uhr von oben zwischen ihre Hände gefallen. Von oben, wo eigentlich nichts anderes als die weißgestrichene Decke war.

Ich hatte George damals für einen witzigen Spinner gehalten, der gerne im Mittelpunkt steht. Esoterisch angehaucht war dieser harte Geschäftsmann nun wirklich nicht. Mir schien, er nehme gerne Leute auf den Arm.

An diesem Sonntagnachmittag änderte ich meine Meinung. Ich hatte schon so manches über sogenannte übersinnliche Erscheinungen gehört und gelesen, dies ganz amüsant gefunden und mit der uns Männern oft eigenen Arroganz des logisch-technokratischen Sachverstandes abgetan. Seit diesem 26. Oktober 1986 sehe ich mir diese Dinge vorurteilsfreier an. Damals begriff ich, daß gerade wir Männer das zunächst Unbegreifliche heftig ablehnen, weil es schlicht unserem Wunsch, geistig und körperlich stets alles beherrschen zu können, entgegenläuft. Seit dieser Zeit versuche ich, die Spreu modischen Eso-Schnick-schnacks vom lebendigen Weizen des alten Wissens zu trennen – eines Weizens, dessen fruchtbares Potential wir in einer Gesellschaft geistigen Fastfoods fast vergessen haben.

Drei Jahre nach diesem Erlebnis lernte ich die Hexe Sandra kennen. Eine Persönlichkeit, die sicherlich nicht mit kühler Logik an ihr Thema – das ganze Leben an sich – herangeht. Das würde auch ihre feinen Antennen zu all dem, was wir meist nicht mehr erspüren, stören. Sie sagt nie, »das ist doch logisch«. Sie sagt, »das ist so«. Nicht, weil sie überheblich ist, ganz im Gegenteil: Weil sie als Hexe millionenfach feinere Sinne für die unendlichen Zusammenhänge vom Mikro- bis zum Makrokosmos hat. Wollten wir »Normalen« diese Sinne mit unserer armen, weil oft einseitigen Logik, unseren grobschlächtigen Meßapparaturen, unseren borniertem Lehrsätzen nachvollziehen, gliche das in etwa dem Versuch, die Zellteilung von Lebewesen mit dem Vorschlaghammer bewerkstelligen zu wollen.

Auch wenn der Vergleich banal erscheinen mag: Ein Lawinenhund spürt mit der Nase Menschen auf, die unter der Tonnenlast von zehn Metern Schnee liegen. Die Nase des Hundes ist unvorstellbar sensibler als die unsere. Analog gibt es auch Menschen, bei denen ganz andere Sinne auch millionenfach sensibler sind als die des »normalen« Menschen: tiefspiritueller Menschen, die nicht nur sehen, riechen, hören und tasten können, sondern mit dem in Kommunikation treten, was wir längst nicht mehr erkennen. Zu diesen wenigen Menschen gehört die Hexe Sandra. Seit ihrer Kindheit führt sie ein Leben voller Magie. Ich selbst habe schon in zahlreichen Fällen erfahren, wie exakt sie die Energien dieses Universums erspürte. Oder, einfacher ausgedrückt, wie recht sie mit ihren Voraussagen hatte, die fernab aller Gefälligkeitsprognosen lagen.

Sandra tut niemandem schön, denn das würde arrogantes Eingreifen bedeuten in das, was ist. Diese Haltung ist freilich nicht mit passiver Schicksalsergebenheit zu verwechseln. Ihre magische Welt nachzuvollziehen, gibt uns vielmehr die Chance, Gesamtzusammenhänge zu begreifen und damit unser Hiersein besser und erfüllter zu gestalten. Der Wanderer, der im Nebel geht, hat wenig Möglichkeiten, sich den richtigen Weg auszusuchen und kann schon gar nicht die Landschaft genießen.

Das war für mich der wichtigste Grund, dieses Buch mit der Hexe Sandra aufzuzeichnen, nachdem sie sich bereit erklärt hatte, aus ihrem Leben und über ihre Form der Magie zu erzählen. Vielleicht kann Sandras Bericht über ihr magisches Leben einige Nebel lüften und den Blick in die atemberaubend schöne Landschaft der Spiritualität erweitern.

Das Erfrischende und Berührende an Sandra sind ihre Menschenliebe, ihre Offenheit, Unkompliziertheit. Deshalb spricht das Buch auch ihre klare, einfache, schnörkellose Sprache.

Der »Spuk« in dem Haus an der Hermosa Beach war übrigens seit jenem 26. Oktober 1986 vorbei. Die Energie, die dort so lange nicht losgekommen war, hatte sich offenbar in dem Tod der beiden Vögel befreit. Wie ich später hörte, hatte sich in dem Haus ein paar Jahre zuvor ein Mädchen aus Liebeskummer das Leben genommen.

Stefan Esser, Mai 1991

1 Mein Hexenleben in München

Ich heiße Sandra. Ich bin eine Hexe. Und ich werde manchmal ernsthaft gefragt, ob ich, wenn schon nicht in einem Knusperhäuschen, wenigstens in einem alten, mystischen Gebäude wohne, um dort ungestört irgendwelche geheimnisvollen Zeremonien zu betreiben. Meine Antworten sind sicher enttäuschend für solche Frager. Ich wohne rein äußerlich unter völlig normalen, richtig bürgerlichen Umständen. Spiritualität muß *in* uns sein, nur dann kann sie auch um uns sein – das in jeder Umgebung. Mein Leben ist voller Spiritualität; ich lebe im vollen Gefühl einer unendlichen kosmischen Einheit – auch wenn ich ganz schlicht in einer Dreizimmerwohnung im Süden von München wohne. Und die liegt auch noch in einem Wohnhaus, das viel eher einer großen Schuhschachtel gleicht als dem, was man sich unter einem atmosphärisch interessanten Gebäude vorstellt.

Geboren wurde ich in Prag. Das ist ein Platz auf der Erde von ganz besonderer Kraft. Es gibt einige dieser Plätze auf unserem Planeten, die wir uns als besonders gute Sende- und Empfangsstationen zwischen unserer sichtbaren kleinen Welt hier und der unendlich großen Welt des Unsichtbaren vorstellen können. Prag gehört dazu. Wir können an solchen Orten viel lernen, uns stark sensibilisieren. Es sind Orte voller Mystik und eigenartiger Begebenheiten, und es kann gut und wertvoll für uns sein, solche Orte ab und zu zu besuchen. Aber spirituelle Botschaften werden nicht bloß empfangen, sie müssen auch weitergetragen werden. Ich hatte, noch bevor ich zwanzig Jahre alt war, eine Botschaft erhalten, daß mein Bestimmungsort München sein würde. So kam es auch, allerdings mit einigen Umwegen, von denen ich noch erzählen werde.

Wenn man es mal schlicht nach gängigen gesellschaftlichen

Kriterien betrachtet, bin ich eine Selbständige im Dienstleistungsbereich. Steuerlich werde ich auf jeden Fall ungefähr so gesehen, und schließlich muß auch eine Hexe Steuern zahlen. Denn ich arbeite ja tatsächlich täglich für Menschen, die meinen Rat suchen. Und ich bekomme Geld dafür. Natürlich, in einer teuren Großstadt brauche auch ich mein Einkommen. Das ist dann auch meist die erste Frage, die mir gestellt wird, wenn ich angerufen werde: Was kostet es? Ich muß da immer bedauern und sagen, daß ich keine geregelten, festen Sätze habe. Erstens weiß ich beim ersten telefonischen Kontakt noch nicht, wieviel meiner Energie ich für einen Gast aufwenden muß – denn meine Arbeit kann nicht nach Stunden bezahlt werden. In einem Fall mache ich eine einfache Beratung für jemanden, der nur allgemein die Karten gelegt bekommen will, im anderen Fall bringe ich in der gleichen Zeitspanne all meine Kraft auf, um einem sterbenskranken oder in schreckliche Probleme verstrickten Menschen Kraft zu geben und ihm Anstöße für das richtige Handeln zu vermitteln.

Es gibt noch einen zweiten Grund, weshalb ich keine festen Honorarsätze habe: Soll ich von einer Rentnerin das gleiche Geld für eine Beratung nehmen wie von einem gutverdienenden Manager? Diese Vorstellung geht mir gegen den Strich, es gibt ohnehin genügend soziale Ungerechtigkeiten. Ich mache es so: Jeder Besucher zahlt mir ein symbolisches Entgelt, mit dem er auch zeigen muß, daß er seinen Schritt, zu mir zu kommen, um über seine Person mehr Klarheit zu erlangen, auch ernst meint, daß er also bereit ist, dafür ein kleines Opfer zu bringen. So ist mein Grundsatz – und den sage ich allen.

Die Realität entspricht nicht immer den Grundsätzen; ich bin schließlich als Hexe keine bürokratische Prinzipienreiterin. Es gibt einige Menschen, um die ich mich sehr intensiv kümmere, und ich habe von ihnen noch nicht eine einzige Mark genommen, weil ich einfach meine, sie haben zuwenig. Dann gibt es aber Menschen, die sehr begütert sind, und von denen erhalte ich auch mal schon relativ hohe Zuwendungen. Um die bitte ich nicht, sondern das ergibt sich von selbst. Freilich rede ich auch mit ihnen selten über Geld. Nach den Sitzungen mit mir ist es diesen Klienten einfach die Summe wert gewesen, die sie mir dann auch bereitwillig gegeben haben. Geld ist eine Materie, die für mich nur nützlich und notwendig ist, um die einfachen Lebensbedürfnisse zu stillen. Diese einfache Lebensebene muß ich nicht endlos ausdehnen, denn immer mehr Eigentum ist nur die menschliche Entwicklung auf einer horizontalen Ebene. Spiritualität aber erfordert eine Entwicklung nach oben, die auf einer vertikalen Linie verläuft.

Deshalb bin ich aber nicht lebensfremd und lasse mich auch nicht ausnutzen. Ich spüre schnell, wenn jemand unehrlich ist. Irgendwelche Maskeraden, falsches Getue und Lügengeschichten haben bei mir relativ wenig Sinn, denn ich weiß ohnehin über meine eigenen magischen Wege, *wer* und *wie* jemand ist. Darum habe ich auch zu den meisten meiner Klienten sehr schnell ein wirklich inniges Verhältnis. Bei Menschen mit übermäßig negativer Ausstrahlung ist meine Arbeit schwieriger. Vollkommen negative Menschen nehme ich nicht an. Ich habe da einen kleinen, aber sehr wirksamen Filter eingebaut – meinen Anrufbeantworter. Den brauche ich ohnehin, weil so viele Menschen bei mir anrufen, andauernd klingelt das Telefon. Aber dann schaltet sich das Band gleich ein, und ich werde im Gespräch mit dem Klienten, den ich gerade zu Besuch habe, nicht gestört.

Später höre ich die vielen Anrufe ab und mache mir schon dabei ein erstes Bild. Weniger aus dem, was die Leute sagen, sondern *wie* sie es sagen: Stimmen sind für mich ungeheuer wichtig. Menschen mit einer besonders negativen Ausstrahlung in der Stimme rufe ich oftmals nicht zurück. Das ist gewiß keine Arroganz, sondern eine Form von Selbstschutz. Und ich kann ohnehin rein zeitlich nicht alle, die anrufen, als neue Klienten annehmen, denn ich arbeite auch so schon sieben Tage in der Woche.

Mit Selbstschutz meine ich etwas, was jeden betrifft. Niemand von uns muß sich auf negative Energien, die uns sozusagen anfressen können, einlassen. Natürlich, es gibt gute Rituale, sich dagegen zu schützen – die schildere ich später ausführlich –, aber Spiritualität und Geist, die sublime Sensitivität und der handfeste, logisch orientierte gesunde Menschenverstand, sollten durchaus zusammenarbeiten. Auf den Alltag umgesetzt heißt das ganz einfach: Warum sollte ich mich auf höchst unangenehme Einflüsse einlassen und diese dann mit magischem Wissen im Zaum halten, was mich Zeit und Energie kostet? Warum nicht gleich diese Einflüsse einfach weglassen? Auch als Hexe sei es mir gestattet, da ganz pragmatisch zu denken. Ich sage allen meinen Klienten, daß der geistige Weg kein Sichtreibenlassen in schönen New-Age-Gefühlen ist, sondern daß wir durch eigene Entscheidungen am Geschehen permanent teilhaben, daß wir uns die guten Schwingungen *aktiv* suchen müssen. Und genau das tue ich auch, indem ich mir zum Beispiel erlaube, manchen Menschen zu sagen, daß ich mit ihnen lieber nicht arbeiten will. Das passiert in den seltenen Fällen, in denen ich spüre, daß ich mich nicht auf den Klienten einschwingen kann. Ich fände es geradezu unseriös, dann einen solchen Menschen beraten zu wollen. Und für mich selbst wäre es tatsächlich zu energieraubend, weil ich mich dann meist auf allzu negative Strömungen einlassen müßte.

Der Klient muß ja mit mir eng zusammenarbeiten, damit ich mich mit all meinen Antennen ganz tief auf sein Wesen einlassen kann. Da habe ich dann auch ohne negativ eingestellte Menschen noch genug Belastungen. Sie entspringen den Menschen, die Gutes ausstrahlen, aber unter die Räder negativer Entwicklungen gekommen sind. Wie ich mich einfach dagegen schütze? An Tagen, an denen ich spüre, daß große Belastungen auf mich zukommen, lege ich in jede Ecke meines Wohnzimmers ein rohes Ei. Diese Eier binden negative Schwingungen an sich, und meine Wohnung wird damit nicht überlastet. Die Eier muß ich dann schon nach einem bis zwei Tagen wegwerfen, sie werden manchmal in so kurzer Zeit innen richtig schwarz.

Mehr als einen bis zwei Ratsuchende pro Tag schaffe ich nicht. Es kommen ja noch die vielen Telefonanrufe dazu, auch die von Klienten, die inzwischen meine Freunde geworden sind, meine ganz private, zweite Telefonnummer haben und auch mal spätabends anrufen, wenn sie irgendein Problem haben. Es ist meine Bestimmung, meine besondere Kraft für das Wohlergehen anderer Menschen einzusetzen, und darum bin ich auch immer für die Menschen da, von denen ich weiß, daß sie mich brauchen.

Daß ich mit ihnen bei mir zu Hause arbeite, hat auch seinen Sinn. Soll ich als Hexe vielleicht ein gelacktes Büro aufmachen? Oder irgendein gekünsteltes esoterisches Institut mit einem ausgestopften Raben und sphärischen Lichtorgeln? Für mich kommt Spiritualität von innen; tief in mir empfange ich Signale aus Welten, die weder Raum noch Zeit unterliegen. Und in meiner Wohnung, in der ich mit meinem Lebensgefährten und meinem bald erwachsenen Sohn lebe, kann ich mich ungestört und wirklich gut konzentrieren. Ganz ohne esoterisches Brimborium, ich serviere meinen Gästen lieber zur Auflockerung und ersten Einstimmung einen starken tschechischen Kaffee. Wichtig ist: In *meiner* Atmosphäre will ich Besucher empfangen. Feinfühlige Menschen, die zu mir kommen, wissen das auf Anhieb zu schätzen und können sich schneller öffnen.

Ich bin eine sehr ursprüngliche, erdverbundene und stark weiblich orientierte Hexe. Da spielt sicher auch meine Rolle als Mutter entscheidend mit. Außer meinem Sohn Rainer habe ich noch zwei erwachsene Töchter; unser Kontakt ist freundschaftlich und sehr intensiv. Die eine, Adriana, lebt als erfolgreiche Schauspielerin in New York. Wann immer sie Probleme hat – und die treten besonders in den USA, wo wirkliche Lebensinhalte stark mit oberflächlicher Lebensweise verdrängt werden, häufig auf –, ruft sie mich an. Dann lege ich ihr manchmal mitten in der Nacht am Telefon die Karten. Meine zweite Tochter Pauline lebt in München und ist häufig bei mir. Beide sind sehr begabte Hexen. Aber wenn sie besondere Fragen haben oder wichtige Entscheidungen treffen müssen, kommen sie immer zu mir.

Manche Leute meinen, eine Hexe sei was ganz Abgehobenes. Ein kleines bißchen mag das zutreffen. Ein Mensch mit einer extremen Auslegung auf der Seite von Gefühl und Intuition gerät leicht in die Gefahr, Bodennähe zu verlieren und sich zuwenig über den Weg der Logik mit den ethischen, moralischen und philosophischen Gegebenheiten auseinanderzusetzen. Ich habe hier auch viel gelernt, und ich hatte das Glück, daß mein Lebensweg als dreifache Mutter und politischer Flüchtling mir geholfen hat, Erdnähe und viel praktische Lebensrealität zu behalten.

Ich helfe Menschen, einen sinnvollen esoterischen Weg zu beschreiten. Wenn ich aber merke, daß Menschen schwer psychisch krank oder manifest alkohol- und drogensüchtig sind, schicke ich sie zu einem Arzt. Das ist meine Pflicht. Energieübertragungen auf spirituellem Weg können nur von einem klaren Geist empfangen werden, nicht von einem, der beispielsweise durch Psychopharmaka getrübt oder nahezu außer Funktion gesetzt ist. Da muß erst die wissende Hand des Arztes eingreifen, und später, wenn sie wieder wirklich aufnahmebereit sind, kann ich diesen Menschen weiterhelfen.

Niemand sollte vergessen, daß der Besuch bei einer Hexe nicht mit dem Einkauf im Supermarkt zu vergleichen ist – man geht hin, gibt Geld und hat Anspruch darauf, die geforderte Leistung zu bekommen. Bei mir muß sich der Klient vielmehr ganz engagiert auf eine besondere Form der Interaktion einlassen. Auch muß er zu dieser »magischen Kontaktaufnahme« wirklich bereit sein, sonst funktioniert der Austausch nicht, und ich kann nicht das richtige Band zwischen uns knüpfen. Es dient vor allem dazu, dem Klienten zu helfen, sich wieder zu zentrieren, die richtige kosmische Gewichtung wiederzufinden, die jeder von uns von Geburt an hatte, die viele aber im Laufe ihres Lebens mehr und mehr verlieren. Jeder von uns hat seine besondere Aufgabe in diesem Leben, und ich helfe lediglich, diese Verantwortung besser zu erkennen – abnehmen kann ich sie nicht. Aber das wäre ohnehin der falscheste Weg, der das Unglück eines Menschen nur vervielfachen würde. Meine Arbeit ist kein Beruf, sondern Berufung, wobei ich bitte, dieses Wort nicht als hochgestochen, sondern im einfachen, ursprünglichen Sinne zu verstehen. Ich meine damit, daß sich meine Arbeit auf untrügliche, uralte Quellen stützt, die die wirklichen Kräfte, die den Lauf der Welt bestimmen, erkennen und heiligen. Diese gewaltigen Kräfte wirken durch mich, und ich selbst bin als Mensch sicherlich viel zu klein, dieses Wirken in vollem Umfang zu erkennen. Aber ich bemühe mich darum. So ist meine Arbeit mein Leben und mein Leben meine Arbeit – alles zusammen ein lebenslanger Prozeß, ein Weg, der für mich nie aufhört. Und ein Weg, an dem all jene aktiv teilhaben können, die begreifen, daß wir nie »fertig« sind. Und daß wir niemals allein, niemals einsam sind, weil jeder von uns ein ganz wichtiger Teil eines unendlich großen Ganzen ist, das sich in permanenter Bewegung befindet.

Weil viele Menschen diese Zusammenhänge nicht mehr sehen, sie erfolgreich verdrängen, besitzen sie auch ein sehr seltsames Bild von dem, was eine Hexe ist. Andere begreifen schon viel mehr, wollen den Weg mit mir gehen. Aber wir müssen noch viel mehr werden! Darum ist es wichtig, sich über das Thema Hexe und Gesellschaft Gedanken zu machen.

2   Jeder kann eine Hexe sein

Eine Hexe ist eine Frau, die viele Probleme verursacht. Oder
besser gesagt, die vielen Probleme verursacht. Ich bin nun fünf-
zig Jahre alt und schon mein ganzes Leben Hexe gewesen, da hat
sich eigentlich für mich nicht soviel verändert. Nur um mich
herum: Ich staune immer wieder, was der Begriff Hexe in verschiedenen gesellschaftlichen Strömungen auslösen kann. Zu
sagen: Ich bin eine Hexe – das ist, als würde man auf einen
Knopf drücken, eine kleine Bombe explodiert, und alles rennt
aufgescheucht herum.

Ähnliches vollzieht sich auf jeden Fall in den Köpfen der
Menschen, bei denen der Begriff Hexe offensichtlich an sorgsam
verschlossenen Teilen ihres Unterbewußtseins rüttelt. Da stehe
ich dann staunend davor oder bin belustigt drüber. Denn eigentlich sehe ich doch ganz normal aus. Ich reite auf keinem Besen
daher, sondern komme per Taxi, habe alle Zähne und keine
Warze auf der Nase. Ich schminke mich gern und trage vielleicht
ein bißchen mehr und tatsächlich auch anderen Schmuck als
andere Frauen – viele meiner Schmuckstücke sind Steine und
Formen von großer Kraft.

Wenn vor allem Männer ihre Tätigkeit nennen, wenn jemand
sagt, er sei Bahnwärter, Radiologe oder Computerfachmann,
nicken die anderen mit dem Kopf und haben schlicht eine Information erhalten. Wenn eine Frau sagt, sie sei Hexe, löst das bei
anderen Menschen zahlreiche Reaktionen aus. Ich erlebe abweh-
rende, ungläubige Reaktionen, spüre Aggressionen und, noch
tiefer unten, massive Ängste.

Schon bei einigen Radio- oder Fernsehinterviews wurde ich
mit scheinbar »logischen« Fragen von Journalisten konfrontiert,
die meinem Gefühl nach bald in eine Sackgasse geführt haben. Es

ist dieses beliebte Spiel, Menschen, die nicht in offiziellen Ämtern und festgefügten Institutionen arbeiten, mit besonderer, kritischer Distanz gegenüberzutreten. Oder die spezielle Variante: Die Öffentlichkeit sucht im sogenannten »Okkulten« den prickelnden Schauer, ein Gänsehautgefühl vor dem Geheimnisvollen.

Ich kann das alles akzeptieren und hoffe ganz einfach, daß durch breitere Information mehr und mehr klares Wissen über meine Form der Arbeit nach außen dringt. Aber manchmal muß ich wirklich sehr hartnäckig um Verständnis bitten, daß ich als Hexe manche Dinge, welche sich Presseleute in den Kopf gesetzt haben, nicht mitmachen kann und darf. Vor einiger Zeit, als ich Gast in einem TV-Frauenjournal war, bat mich die Redakteurin vor der Sendung, im Studio einen magischen Kreidekreis zu ziehen, mit dem ich dann Beispiele meiner Hexenmagie vorführen sollte. Niemand der Anwesenden begriff, daß der magische Kreis mit Urgewalten zu tun hat, daß man mit ihm nicht spielen darf – und daß ich ihn als Hexe gar nicht ziehen darf, dies bleibt Vorrecht des Magiers. Ich weigerte mich heftig, sie aber redeten wieder und wieder auf mich ein, weil sie offenbar meinten, ich würde mich nur zieren. Sie erkannten nicht, was sie mit ihrem Unwissen und ihrem Beharren anrichteten: Ohne mein willentliches Zutun ballte sich in mir Energie zusammen. Sie kam einfach und wuchs und wuchs; mein Kopf dachte, nie hätte ich mich auf diese Sendung einlassen dürfen, und mein Körper glaubte, jetzt müsse er gleich zerspringen. In fünf Minuten sollte die Sendung starten.

Ein lauter Knall. Über mir war ein großer Studioscheinwerfer geplatzt.

Das kommt offenbar selten vor – auf jeden Fall war die Studiocrew entsetzt und lief aufgescheucht durcheinander. Angestaute Energien hatten sich machtvoll entladen. Es wäre gar nicht soweit gekommen, hätten sie mich nicht so bestürmt. Schnell wurden die Scherben zusammengekehrt, von dem Kreidekreis sprach niemand mehr, dafür blickten mich beim Aufräumen einige Leute verstohlen an. Sie waren sichtlich irritiert.

In der Sendung dann diskutierten wir in Ruhe über Esoterik und Hexenarbeit. Wobei mein Gegenüber, ein Psychologe, der wissenschaftliche Arbeiten über Hexen gemacht hatte, sich sichtlich in meiner Gegenwart unwohl fühlte.

Es gibt zahlreiche wissenschaftliche Arbeiten über Hexen. Ich habe eine ganze Reihe mit großem Interesse gelesen. Aber letzten Endes sind für mich die echten Quellen – die alten Bücher über Magie, Astrologie, Tarot und Numerologie – viel wichtiger als moderne wissenschaftliche Analysen über Hexen und Hexenwesen. Ich weiß sehr genau, *wer* und *was* ich bin. Das alte magische Wissen ist die Basis meiner täglichen Arbeit. Leben bedeutet für mich ein ständiger Weg der Erkenntnis; auf diesem Weg lese ich immer wieder in alten Crowley-Texten, studiere kabbalistische Bücher und finde stets neue Ansatzpunkte. Ich bin durch jahrzehntelange Arbeit tief mit den Geheimnissen der Kabbala verbunden, die uns das Universum und unsere Stellung zum Göttlichen erklärt. Die Kabbala, ursprünglich die mystische Bewegung der jüdischen Religionsgeschichte, war selbst keine Magie, wies aber durch die Beschäftigung mit zahlreichen mystischen Vorgängen immer wieder auf Magie hin. Die Kabbala beinhaltet übrigens auch die Numerologie, die ich besonders schätze und anwende. Ziel war damals ein Bei-Gott-Sein, letztlich die Vereinigung mit dem Göttlichen. Aus solchen Gedanken heraus sollte jeder, der sich ernsthaft für Esoterik – im alten Sinn als »Geheimwissen« – interessiert, sich mit den Fragen Kirche und Magie beschäftigen. Obwohl sich in beiderlei Ursprüngen interessante Zusammenhänge feststellen lassen, haben wir heute die Institution Kirche auf der einen, auf der anderen Seite Magie, wie sie im Hexenkult gelebt wird (vgl. dazu auch Kapitel 7, S. 58 f.).

Es gibt noch einen wichtigen Zusammenhang: den zwischen Magie und denen, die sich intensiv mit ihr auf wissenschaftliche Weise beschäftigen. Das sind die »Fachleute«, die über Magie und Hexenwesen arbeiten. Was bietet uns die wissenschaftlich-analytische Literatur über Hexen? In den letzten fünfzehn Jahren hat ihre Zahl erfreulicherweise zugenommen; viele der Werke haben versucht, mit großer Genauigkeit die historischen

Abläufe von alten Wesen und Hexenverfolgung aufzuschlüsseln und nachzuzeichnen. Da müßte man meinen, durch die klare Arbeit dieser Wissenschaftler sei mehr Licht ins Dunkel gekommen, seien Unwissen und Vorurteile vieler Menschen restlos beseitigt. Aufgeklärte Intellektuelle wissen heutzutage von dem Jahrhunderte andauernden Wahn der Menschen, Frauen, Hexen und das Böse gleichzustellen – und als fatal »logische« Folge Hunderttausende von Frauen umzubringen. In der frühen Neuzeit wurden auch Männer und sogar Kinder unter dem Vorwurf der Hexerei als vorgeblich bösartige und gefährliche Personen hingeschlachtet; letztlich aber waren es in der Mehrzahl der Fälle doch Frauen, die im Mittelpunkt der europaweiten Mordlust standen. Frauen waren es, die als Inkarnation des Bösen angesehen wurden. Hatten Frauen nicht schon damals den unverfälschteren und damit direkteren Kontakt zur Natur und wurden darum von Männern – allen voran durch die Hetztiraden der Kirchenväter – als Bedrohung angesehen?

Auf jeden Fall habe ich das Gefühl, daß trotz unserer modernen Zivilisation und trotz aller begrüßenswerten und wichtigen Hexenforschungen auch heute noch in manchen Männern beim Begriff Hexe augenblicklich unterschwellige Ängste virulent werden. Ich habe Männer erlebt, die in meiner Gegenwart spürbar mulmige Gefühle bekamen. Wohl weil sie merkten, daß ihnen hier die Fähigkeit entgleitet, alles immer voll einschätzen zu können. Auch sehr technikgläubige Menschen können meist spüren, daß sie im Gespräch mit spirituell sensitiven Menschen Kontakt zu Bereichen bekommen, die sie eigentlich angehen, von ihnen aber schon lange verdrängt wurden. Das verunsichert sie. Und dieser Unsicherheit entspringen die diffusen Reaktionen, wenn das Wort Hexe fällt.

Ich verstehe mich nicht als Provokation, als eigenständiges, abgeschlossenes Individuum, das allzu Irdisch-Einseitige irritieren möchte. Ich fühle mich eher als eine Art Medium, als Frau, die Mittlerin zwischen verschiedenen Welten ist: der Welt der Magie und jener materiellen, in der Magie selbstverständlich auch präsent ist, aber nach Möglichkeit verdrängt wird. So sehe ich meine

Aufgabe in diesem Leben nicht in der Entwicklung von möglichst viel Egoismus und der Anhäufung von möglichst viel Materie, sondern in meiner Berufung, möglichst vielen Menschen eine engere Verbindung zwischen unserem kleinen Alltagsleben hier und größeren kosmischen Einsichten zu verschaffen.

Es mag schon stimmen, wenn man sagt, Hexen verfügten über besondere Kräfte – Hexen können durch ihre magischen Fähigkeiten tatsächlich viel bewirken. Mir gefällt es nur nicht, wenn dabei immer von übernatürlichen Kräften geredet wird. Es sind im Gegenteil ganz *natürliche Kräfte*, mit denen wir Hexen arbeiten können. Wir machen uns das zunutze, was das Universum uns anbietet – das ist eigentlich das ganze Geheimnis unseres angeblich »übernatürlichen« Treibens. Wir reden mit den Bäumen, die unsere gewaltigen Antennen nach weit draußen sind und doch unseren Boden zusammenhalten. Wir wissen um die Kraft der Planeten und erstellen nicht nur Horoskope, sondern treten in schönen Ritualen mit ihnen in Verbindung. Wir wissen schon seit Jahrhunderten, daß Steine nicht tot, sondern eine zwar einfach strukturierte, aber dafür unglaublich kraftvolle Manifestation von Energie sind. Wir ehren die Erde als unsere Basis, auf der wir hier stehen. Wir wissen um die endlos vielen Kreisläufe, von denen der Gestirne bis hin zu denen unseres Wassers. Wir, nicht nur Magier und Hexen, auch andere Wissende, haben uns die so vielfältig heilende Wirkung all dieser Natur sooft zunutze gemacht. Und gerade Hexen wird diese heilende Wirkung besonders oft geschenkt, weil sie mit ihren Ritualen, Formen und Zeichen die Wege dazu wissen. Jetzt, als Hexen unserer Zeit, hoffen wir, daß unser Planet wieder heil werden kann – nicht weiter bedenkenlos zerstört wird. Denn sonst wird unsere Magie auf ihm allmählich zerstört – beides gehört untrennbar zusammen.

Das wäre dann die Katastrophe, das Ende des Natürlichen. Denn ich halte es für besonders natürlich, wenn ich Kräfte der Natur kenne und nutze, ohne Apparate, ohne Chemie, nur mit meinen Sinnen. Wobei ich unter Natur den ganzen Kosmos verstehe, der sich für uns mit dieser Erde materialisiert hat.

Ist es dagegen nicht unnatürlich, wenn Menschen nur noch mit ihren Computerprogrammen kommunizieren können? Und dabei immer mehr die Fähigkeit verlieren, ihre wirkliche Umwelt zu ergründen, von der Pflanze im Stadtpark bis hinauf zu den Sternen? Jede Frau kann Hexe sein, jeder Mann Magier, wenn sie wirklich wollen. Dieser Weg erfordert freilich Freisein von Vorurteilen und die grundlegende Erkenntnis, daß es sich hier um Bereiche weitab aller gängigen Kosten-Nutzen-Rechnungen handelt. Wie unnatürlich ist das dumpfe Denken, das sich bei uns in fast allen Ländern breitgemacht hat! Wie schön ist es dagegen, mit einem fundierten spirituellen Denken, Fühlen und Handeln die vielen Dimensionen um uns zu erforschen; wie glücklich kann uns dieser verständige Lernprozeß machen, der uns allmählich in die Lage versetzt, mehr und mehr mit diesen vielen ineinander verknüpften Dimensionen mitzuschwingen! Das ist die Materie einer Hexe; bis in diese Höhen zu gelangen, ist aber unmöglich, wenn wir zuviel von dem Ballast des merkantilen Denkens mit uns herumschleppen: Wer in neue Sphären fliegen will, muß leicht sein!

Damit sind übrigens auch schon leidige Fragen wie diese beantwortet, warum eine hellsichtige Hexe sich nicht die Lottozahlen vom nächsten Samstag visualisiert. Alle Hexen und alle Magier, die dem Versuch verfallen sind, ihre medialen und spirituellen Fähigkeiten nur für banales Geld einzusetzen, haben zumindest diese Fähigkeiten verloren – wenn nicht noch mehr. Unsere Arbeit kostet sehr viel Energie. Ich helfe als Hexe vielen Menschen in schwierigen Situationen. Da muß ich mich selbst so verhalten, daß mir die nötige Energie auch immer wieder zufließen kann. Plump-materielles Denken würde diesen Zufluß schnell versiegen lassen.

Wer sich der Magie – dem, was wirklich ist, auch wenn es nicht materiell greifbar ist – mehr öffnen will, braucht ein gewisses Training zur Sensibilisierung, zur Wiedererweckung der oftmals verschütteten Kräfte, die ja potentiell in jedem von uns wohnen. Es gibt eine elementare Energie, um die die Hexen des Westens und die Gurus des Ostens seit jeher wußten, die ist auch Philosophen bekannt und heute wird mittlerweile sogar von Physikern begriffen, seitdem sie noch viel Genaueres als nur die Aufteilung von Neutronen und Protonen definieren können. Diese gemeinsame Energie fächert sich in unserer materiellen Welt in Millionen differenzierter Ausdrucksformen auf – und wird schließlich wieder zu dem *Einen*. In bezug auf uns Menschen nennen das manche Erleuchtung.

Nicht nur Magier und Hexen sagen, daß jeder Teil des Ganzen ist. Auch die gesamte psychologische Beurteilung von Verhaltensweisen, die auf Projektionen beruhen, spricht davon: So hassen wir andere Menschen für Verhaltensweisen, die wir in Wirklichkeit, vielleicht gut kaschiert, in uns selbst tragen und für die wir uns selbst hassen. Das spiegelt auch die Farbenlehre in der Tatsache wider, daß Farben aus Kombinationen anderer Farben bestehen. Jeder ist ein Teil des großen Ganzen – das läßt sich in nahezu jedem Lebens- und Wissenschaftsbereich aufzeigen.

Und aus diesem Gedanken heraus, daß alles mit allem zusammenhängt, geht hervor, daß jeder von uns sensibel genug sein kann, sich dieser keineswegs »übernatürlichen« Welt einer Hexe auch zu öffnen. Ich mache nichts anderes, als ein bißchen mehr vom großen Kreislauf zu sehen. Als ein bißchen mehr zu wissen, in welche Aufgaben und Möglichkeiten unser Hiersein eingebettet ist. Ist das nicht besser als die unerträgliche Art, sich selbst, blind nach außen, für den Mittelpunkt der Welt zu halten? Machen wir uns lieber sensibler für dieses Wissen, das jeden von uns auf den Weg der Erkenntnis bringen kann!

Können Sie sich nicht vorstellen, wie einfach es sein kann, sich zu sensibilisieren, dann sollten Sie einfach mal folgenden kleinen Test machen: Setzen Sie sich zu Hause hin, ohne Radiomusik, ohne Fernsehen, und schließen Sie mindestens fünf, besser zehn Minuten die Augen! Schon dabei werden Sie ganz neue Erfahrungen machen. Vielleicht werden Sie zunächst sehr unruhig werden, weil Sie Stille und Dunkelheit in bewußt-wachem Zustand nicht mehr kennen. Danach werden Sie feinste Geräusche wahrnehmen, die sonst von der Alltagsmotorik plattgewalzt werden. Wenn Sie eine Katze haben, werden Sie beispielsweise vielleicht erstmalig diesen feinen, filzigen Ton hören, wenn sie mit ihren Pfötchen über den Teppichboden läuft. Von der Straße, von der Nachbarschaft, aus dem Garten werden Geräusche dringen, zu denen Sie in Ihrem Inneren Bilder entstehen lassen können. Allein so eine kleine, einfache Übung wird, wenn Sie sich nur für ein paar Minuten darauf einlassen, eine Ahnung von den Fähigkeiten in uns vermitteln, die uns ermöglichen, viel mehr von der Welt zu erfahren als bisher.

Überhaupt können wir alle sehr leicht große Schritte auf dem Weg zu einer Sensibilisierung machen, die Voraussetzung jeglicher Spiritualität ist, indem wir schlicht unsere Sinne im Alltag bewußter einsetzen. Schauen Sie zum Beispiel genauer hin; hören Sie dort geduldiger und bewußter zu, wo Sie schon lange nicht mehr hingesehen und zugehört haben!

Das gilt in besonderem Maß für Kinder. Mädchen im Kleinkindalter sind kleine Hexen, Buben kleine Magier – sie sehen Dinge, die der normale Erwachsene meist nicht mehr sieht. Erwachsene sind oft stolz, ihren jetzigen Standort erreicht zu haben, und blicken ungern zurück. Schon damit blockieren, ja beschneiden sie ihr großes Seins-Spektrum. Zu oft nehmen sie Kinder nicht recht ernst, nicht einmal, wenn es ihre eigenen sind.

Wie leichtfertig, oft sogar schroff werden Erzählungen von Kindern abgetan, wenn sie Erwachsenen als allzu üppiger Ausbund kindlicher Phantasie erscheinen? Man sagt dem Kind: »Ja ja, ist schon recht« und geht zur Tagesordnung über. Im schlimmeren Fall wird das Kind sogar beschimpft: »Du sollst nicht immer solche Lügengeschichten erzählen!«

Und wieder haben wir nicht nur einem Kind in seiner Entwicklung die Flügel um ein weiteres Stück gestutzt, sondern auch uns selbst eine Chance genommen: durch das Kind unseren Horizont zu erweitern, mehr zu lernen, mehr zu erfahren.

Machen Sie es anders! Beobachten Sie mit wachen Sinnen Kinder bis zu fünf Jahren genau. Hören Sie ihren Erzählungen zu. Sie können eine Reise in andere Welten machen: Kinder sind Menschen an der Anfangsstufe ihrer derzeitigen Inkarnation. Sie sind erst kurze Zeit in ihrer jetzigen Existenz präsent und tragen noch Erinnerungen an frühere Leben in sich. Ihre scheinbar grenzenlose Phantasie ist nichts anderes als ein weitschweifender Blick in die Welt. Eben nicht nur in unsere begrenzte Alltagswelt, sondern in wunderbare, phantastische andere Welten. Das ist für viele von uns Erwachsenen vielleicht nicht so ganz leicht zu verstehen, denn die Erzählungen der Kinder wirken oft irritierend. Ganz einfach deshalb, weil sie ihren im wahren Sinne traum-haften Blick in andere Welten ganz ungeniert mit konkreten Erlebnissen vermischen, die sie gerade einen Tag zuvor im Kindergarten hatten. Ohne sich von irgendwelchen Regeln einengen zu lassen, vermischen Kinder also in natürlicher Kreativität das bewußte Erleben im Hier mit dem unbewußten Wissen aus dem Früher. Diese Kreativität, dieses gekonnte Verstricken zweier Welten, paßt nicht in das oft stark normierte Denken vieler Erwachsener und wird darum häufig im Keim erstickt. Anstatt daß wir Erwachsene bereit wären, vom »Medium« Kind zu lernen!

Auch erscheinen uns manche Verhaltensweisen kleiner Kinder deshalb als etwas wirr, weil das Kind selbst noch verwirrt ist: Es trägt eine große, sehr alte Energie in sich, die sich nun wieder in einem neuen Rahmen zurechtfinden muß. Meiner Erfahrung nach ist dieses besondere kosmische Erinnerungsvermögen bei Kindern dann spätestens mit dem fünften Lebensjahr verschwunden. Jeder, der danach wieder im Leben tiefer gehen will, muß sich auf vielfältige Weise sensibilisieren.

Auf jeden Fall aber sollten wir das, was schwer verständlich ist, nicht mit verärgerten Bemerkungen verdrängen. Wir würden dann ja ebenso reagieren wie die ganz Bornierten, die alles als »Unsinn« abtun, das sie mit ihren abgestumpften Apparaturen und Sinnen nicht empfangen können. Unterschwellig sind, glaube ich, solche Reaktionen oftmals Formen reiner Projektionen.

Die latente Aggression, die mir als Hexe manchmal spürbar entgegenkommt, findet ihren Ursprung im Ärger der anderen über sich selbst. Ärger darüber, daß sie die feinste aller Sprachen – Kommunikation mit der Umwelt, mit der Vergangenheit,

Gegenwart und Zukunft durch sensitives und spirituelles Erspüren – völlig verloren haben. Nicht wenige solcher Menschen verbindet fast eine Art Haßliebe mit mir. Offiziell haben sie selbstverständlich mit einer Hexe nichts zu tun, denn die gehört ja einer »unseriösen Zunft« an. Und genau solche Leute kommen dann zu mir – natürlich mit der Bitte um äußerste Diskretion. Namhafte Leute, Schauspieler, Produzenten und durchaus auch erfolgreiche Geschäftsleute.

Das falsche Bild, das die Öffentlichkeit von einer Hexe hat, zeigt sich auch in den Reaktionen vieler Leute zum Beispiel aus der Nachbarschaft, die mich seit langem kennen, aber nicht wußten, welcher Beruf ung ich nachgehe. Ganz erstaunt sagen sie dann, wenn sie es erfahren: »Ach tatsächlich, eine Hexe sind Sie! Aber Sie sind doch so sympathisch.«

Manchmal für mich fast belustigend, in welche Widersprüche sich die besonders klugen Menschen immer mehr verstricken. Sie haben eine mittlerweile gewaltige Technik zur Verfügung und besitzen ein unglaublich detailliertes, spezialisiertes Wissen. Mit dem haben sie in den vergangenen Jahren auf wirklich beachtliche Weise Mikro- und Makrokosmos erforscht. Sie haben die kleinsten Genstrukturen ergründet und mit ihren gigantischen Geräten Milliarden Lichtjahre weit in den Kosmos hineingeleuchtet. Und sie wissen nichts. Weil sie nur Informationen sammeln und sie mit analytischer Denkweise zerlegen, zuordnen, drehen und wenden. Sie häufen immer mehr Informationen an und erhalten so mehr Wissen. Aber keine Erkenntnis.

Darum sagen sie: Seht ihr, alles Aberglaube, kein Mann im Mond, überall nur Gase, totes Gestein, bis hin zu Saturn und Neptun, die wir ja auch schon fotografiert haben.

Man muß als Hexe dies alles mit einer gehörigen Portion Humor und Gelassenheit betrachten. Ich sage bei solchen Argumenten immer, noch kein vernünftiger Esoteriker, noch kein Magier und keine Hexe haben jemals behauptet, daß da oben der Mann im Mond rumläuft oder daß die großen Gestirne im All Einfluß auf uns hätten, weil dort irgendwelche grünen Männchen hausen. Für mich aber bestätigen diese wissenschaftlichen

Forschungen sogar, wie richtig Menschen liegen, die begriffen haben, daß es ganz andere, grundsätzliche, ewige und für uns eben unsichtbare Energieströme gibt. Bis hin zum Gestein, das keineswegs »tot« ist. Steine unterwerfen sich nur nicht unserer Definition von Leben. Aber ist denn das nicht eine Definition – wie so vieles unserer »objektiven« Wissenschaft –, die, verglichen mit dem nie erfaßbaren, unzählige Milliarden Lichtjahre großen Kosmos, aus einem ganz winzigen, sehr subjektiven Blickwinkel entstanden ist?

Was eine – im Vergleich zum Universum ebenfalls winzige – Hexe tut, ist, sich mit verschiedenen Methoden diese unendlichen Energieströme ein wenig vertrauter, ein wenig begreifbarer zu machen. Mit dem Ziel, daß wir im Rahmen dieses großen, göttlichen Gesamtkonzepts auch in der richtigen Weise mitschwingen.

Tun wir das nicht, arbeiten wir dagegen, begehen wir als Menschheit Selbstmord. Auf dem besten Wege, so scheint es fast, sind wir ja schon.

Eine Hexe zu sein, heißt also demütig zu sein. Und da ist es nur folgerichtig, daß die sogenannten »Realisten«, die in Wirklichkeit ja keine sind, weil sie nicht sehen, was real ist, Konflikte mit mir haben. Sie sind nicht demütig. Sie forschen nicht, um sich besser und verständnisvoller in ein kosmisches Gesamtkonzept einzuordnen, sondern sie wollen dieses Konzept nur analysieren, um es sich untertan zu machen, um es zu beherrschen.

Darum bin ich eine Hexe. Und bin stolz, eine sein zu dürfen. Für mich ist der Begriff Hexe wie ein Ehrenkodex, wie ein Bekenntnis zu einem richtigen Weg.

Viele andere Wege sind zum Scheitern verurteilt. Zum Glück wollen jetzt immer mehr Menschen eine Richtung einschlagen, die aus der Sackgasse herausführt: Indem man sich der Welt der Magie mit ganz kleinen Schritten nähert, sie nach und nach in den normalen Alltag einbindet.

3   Ich bin eine »alte« Hexe

Wie fing das alles an; wie wird eine Frau Hexe? So werde ich immer wieder gefragt. Darauf gibt es keine Antwort. Es fing nie an, und ich wurde nie Hexe. Es war immer schon da: Ich war Hexe von Anfang an.

Wer glaubt, ich gehöre zu den selbsternannten modernen Hexen, die in den vergangenen zwanzig Jahren der Emanzipation herangewachsen sind und nach vielen Kopfgeburten nun einen neuen Weg zur Selbstbestimmung der Frau suchen, den muß ich freilich enttäuschen. Ich bin nicht durch logische Erkenntnisse und Erfahrungen im hiesigen Leben Hexe geworden.

Ich bin also keine »neue Hexe«, bin überhaupt nicht »modern«, schon gar nicht »zeitgeistig« oder willig, mit gerade aktuellen esoterischen Trends aufzuwarten.

Die meisten esoterischen Messen oder themenorientierten Verkaufsveranstaltungen meide ich ohnehin. Weil jedesmal, wenn ich eine solche Messe besuchte, so extrem viele negative Schwingungen um mich herum spürbar waren, daß ich schon nach einer halben Stunde das Weite gesucht habe. Was mich daran am meisten stört: Oft wird dort »Esoterik« als bloße Ware feilgeboten, zumal gern von Leuten, die nicht besonders viel davon verstehen und ausschließlich eine möglichst extreme Profitmaximierung im Kopf haben. Dort kann nicht mein Platz sein; dort gehöre ich nicht hin.

Auch »moderne« Hexen lassen sich nur selten bei Veranstaltungen dieser Art sehen. Eine Gemeinsamkeit, die wir teilen – wenn sie auch in anderen wichtigen Dingen einen Weg gehen, der sich stark von meinem unterscheidet. Das sollen sie auch. Jede Hexe ist sehr selbstbestimmt. Das gilt auch für die »modernen« Hexen, die ihr Tun in gesellschaftspolitische Zusammenhänge stellen und sich mit ihrem Wirken sehr direkt und bewußt gegen eine Macho-Männerwelt durchsetzen wollen.

Ich persönlich achte diese Frauen sehr und kann ihr Denken insoweit nachvollziehen, als mir auch seit langem bewußt ist, daß viele Probleme auf unserem Planeten einer einseitig männlich orientierten Sicht und Verhaltensweise entspringen. Ob das die schon genannte Profitmaximierung um jeden Preis betrifft, egal, ob Menschen, Tiere und einstmals unberührte Landschaften gefährdet sind oder ob es sich um die nie enden wollende Kriegsmaschinerie handelt. Männliche Herrschaft erfand die perfidesten Tötungsarten, brachte die übelsten politischen Methoden hervor, um Menschen zu unterdrücken. Das Ende jeder machtbesessenen Aktivität ist die Sackgasse. Sie führt zu immer weitergehender Zerstörung, weil ja der, der mit seiner Macht letztlich nichts erreicht, erkennt, daß ihm zwar manches zu Füßen liegt, er aber nie sich selbst findet. Deshalb steigert er verzweifelt die Dosis seiner Aggression.

Ich begreife meinen Weg ganz anders. Mit den »modernen« emanzipierten Hexen verbindet mich die Vorstellung und das Wissen, daß wir Menschen uns nicht großspurig als den Mittelpunkt aller Dinge sehen, sondern uns friedlich und demütig als in das große System eingegliedert betrachten. Wir haben begriffen, daß unser wunderschöner Planet nicht das Zentrum des Kosmos ist! Wir Hexen jagen keinen äußerlichen Erfolgen nach, wir jagen nichts und niemandem nach, weil das ebenso töricht wäre, als würde man seinem eigenen Schatten nachsetzen. Wir Hexen drehen uns statt dessen um und schauen zu den Gestirnen – und begreifen, wie unsinnig es wäre, dem Schatten, dem Scheinbild seiner selbst nachzuhetzen, anstatt das eigentliche Selbst zu sehen und dieses in die ganze Natur einzugliedern. Wir Hexen begreifen, was Karma heißt: das Gesetz von Ursache und Wirkung. Wir wissen, daß Schicksal nicht zufällig von irgendwoher kommt; uns ist aber andererseits auch bewußt, daß es nicht bis in alle Details vorherbestimmt ist und wir nicht nur passiv sein dürfen. Wir sehen statt dessen unsere Verantwortung in unserem Leben, weil unser jetziges Tun unser späteres Karma bestimmt, unsere späteren Lebensumstände, mit denen wir uns in den folgenden Leben wieder aktiv auseinandersetzen müssen.

Das sind die Axiome und Prinzipien, die mein Leben bestimmen. Gesellschaftliche Normen haben dagegen für mich keine besondere Bedeutung. Was für mich notwendige Regeln für praktikable Abläufe in einem dichtbesiedelten Staat sind, das akzeptiere ich; was aber nur Mechanismen sind, um die Entfaltung einzelner Persönlichkeiten zu unterdrücken, das lasse ich an mir vorbeigleiten, es berührt mich nicht.

Als sinnvolle Ordnung für praktikable Abläufe sehe ich in diesem Sinne auch die verschiedenen »Kompetenzen« von Hexen und Magiern in der Magie. Als Hexe mache ich dies, der Magier wiederum macht jenes, was ich als Hexe nicht darf, und das ist in Ordnung, weil es mich in keiner Weise einengt, weil nur diese alten, tradierten Abläufe die Wirksamkeit der Magie sicherstellen.

Denn die Techniken für den Kontakt zu höheren geistigen Ebenen müssen stimmen, weil es sich hier um eine tatsächlich unendlich große Welt handelt und unsere geistige Energie in die exakt richtige Richtung gelenkt werden muß. Wann wir alle am ehesten noch eine ganz natürliche Ahnung von dieser Welt haben, sagte ich schon vorher: als Kinder. Ich habe das in meiner Kindheit auf besonders intensive Weise erlebt.

4 In Prag begann alles

Jedes Kind sieht Vorgänge oder Gestalten, die nicht von dieser Welt sind, Wesen, die kein anderer wahrnimmt. Was passiert? Die Umgebung staunt oder erklärt das Kind für verrückt. Zwei Möglichkeiten: Entweder ist das Kind sich weiterhin seiner Sache in aller Ruhe ganz sicher, oder es wird verunsichert; seine Fähigkeiten werden allmählich verschüttet.

Mich hat zum Glück als Kind niemand für überkandidelt erklärt. Das hängt vielleicht damit zusammen, daß sogenannte übernatürliche Erscheinungen im Prag der vierziger Jahre – ich wurde dort am 20. Juni 1940 geboren – nicht für allzu ungewöhnlich gehalten wurden. Es gab in der Tschechoslowakei viele Menschen mit ganz besonderen »Antennen«, die sich damit beschäftigten.

Mein Vater hatte Jura studiert und wurde kurz vor meiner Geburt Schauspieler. Er entstammt dem uralten deutschen Adel der zu Fürstenberg; die Familie kam im 13. Jahrhundert von Deutschland nach Böhmen. Meine Mutter ist Tschechin. Ich sah meine Eltern als Kleinkind nicht allzuoft, wurde viele Jahre von einem englischen Kindermädchen erzogen. Im Sommer waren wir viel im Jagdschlößchen meiner Großmutter, vierzig Kilometer außerhalb von Prag in Richtung Jungbunzlau.

In dem alten Schlößchen spukte es mächtig. Oft sah ich eine weibliche Gestalt, milchig, leicht durchsichtig, die durch das Schloß ging. Das machte mir anfangs furchtbar angst, weil ich merkte, daß sie sonst keiner sah. Zuerst schämte ich mich richtiggehend dafür und wagte nicht, mit jemandem darüber zu reden. Und immer dann, wenn ich besonders große Angst hatte, knarrten und knallten die alten Möbel – manchmal richtig laut, als würde einer mit dem Hammer draufschlagen.

Allmählich legte sich meine Angst. Bis zu dem Tag, an dem ich, knapp fünfjährig, wie aus Alpträumen morgens erwachte und im ganzen Gesicht zerkratzt war. Dann erinnerte ich mich: Ich war nachts hochgeschreckt und hatte wieder die seltsame Frauengestalt gesehen. Trotz meiner wiedererwachten Angst wollte ich dann aber doch wissen, woher sie kommen konnte. Neben unserem Schloß stand das Gesindehaus, ich spürte deutlich, daß die Gestalt von dort kam. Deshalb traute ich mich nicht mehr dort hinein. Monate später faßte ich mir ein Herz und erzählte es meiner Mutter und meiner Großmutter. Die waren keineswegs erstaunt und sagten mir, sie wüßten von dem Spuk, der schon sehr lange gehe.

Eines unserer Dienstmädchen war an Tuberkulose erkrankt. Es war eigenartig: Ich mit meinen knappen Fünf wußte eines Tages sicher, ganz unverrückbar, daß sie bald sterben würde. Das war so ein Gefühl in mir, als existiere sie schon überhaupt nicht mehr. Sie heiratete zwei Monate danach. Und weitere drei Wochen später starb sie an einem Blutsturz.

Für mich war das eine schlimme Erfahrung. Sie war die jüngste und schönste Tochter unseres Gärtners, mit weißer Schneewittchenhaut und langen schwarzen Haaren. Drei Tage vor ihrem Tod bekam ich furchtbare Angst vor ihr, weil sie auf einmal ganz anders roch als bisher. Da sagte ich meinen Eltern: Die Bojenka, die Beatrice ist tot. Mein Vater reagierte mit großem Unwillen. Am nächsten Morgen stürzte meine Mutter aufgeregt herein und rief: Bojenka ist tot. Ich war keineswegs überrascht, für mich war das ja bereits so gewesen.

In den folgenden Jahren entwickelte sich wie von selbst in mir eine Neugier, Geister zu rufen. Ich probierte gemeinsam mit einer Schulfreundin, die später bereits mit zehn Jahren sterben sollte, im Wald bei unserem Schloß herum. Aber zusammen ist uns das nie gelungen. Erst später erkannte ich, daß geisterhafte Wesen nur denn erschienen, wenn ich allein war.

Auch in dem großen alten Haus meiner Eltern in Prag spukte es. Ich weiß heute von Hellsehern, die mit dem Begriff Hexenmagie beileibe nichts zu tun haben, daß sie in sehr alten Häusern bestimmte einschneidende Ereignisse visualisieren können. Sie sehen beispielsweise das genaue Bild eines Menschen in einem Zimmer, der sich dort vielleicht vor vielen Jahren umgebracht hat. Das ist möglich, weil bei negativen Vorgängen die Energien extrem lange erdgebunden, sozusagen »kleben« bleiben. Vor allem, wenn sie auf Menschen mit ganz besonderen Energien stoßen, wie es in unserer Familie der Fall war.

Mir erschien in meinem Elternhaus immer wieder ein Ritter, der mit tieftraurigem Gesicht im Kaminzimmer auf und ab ging. Meine Mutter hatte mir gegenüber schließlich halbwegs zugegeben, auch sie wisse, daß es in unserem Haus spuke. Daß sie sogar diesen Ritter auch gesehen hat, erzählte sie mir aber erst, als ich bereits siebzehn Jahre alt war. Mir erschien er das erste Mal, als ich zwölf war. Er trug eine knappe Pelerine, kurze Hosen und trug einen Helm. So einen Soldaten hatte ich nie zuvor gesehen.

Später habe ich Geschichtsbücher gewälzt und entdeckt, daß es eine alte schwedische Uniform war. Tatsächlich waren die Schweden im Dreißigjährigen Krieg in unserer Gegend vorbeigezogen. Nicht weit entfernt von unserem Haus liegt der Weißenberg, wo eine große Schlacht stattgefunden hatte.

Außer dem regelmäßigen Erscheinen des Ritters geschahen zu dieser Zeit noch einige andere seltsame Dinge. Im Kaminzimmer fielen mal auf einen Schlag zwölf schwere Zinnteller von der Wand. Dann hatten wir ein 1712 gemaltes riesengroßes Ölbild mit einer Jagdszene in einem schweren Rahmen an der Wand hängen; eines Morgens stand es plötzlich am Boden. Keiner war nachts in dem Zimmer gewesen. Und ohnehin hätte niemand diesen überdimensionalen Schinken allein abhängen können. Ähnlich unerklärliche Bewegungen hatten wir im Kaminzimmer auch mit dem großen Modellschiff, der »Santa Maria de la Cruz«. Das stand plötzlich jeden Morgen auf dem Boden, mit Bug immer in derselben Richtung. Wochenlang. Bis mein Vater es wütend kaputtschlug.

Als ich vierzehn war, passierte etwas, was mich fast zu Tode erschreckte. Ich lag im Bett, und plötzlich legte sich etwas an mich, preßte mich richtiggehend an mich. Ich schrie laut und sprang aus dem Bett, machte das Licht an. Aber es war nichts zu sehen. Meine Mutter, die erschrocken angelaufen kam, versuchte mich zu beruhigen und sagte, das habe sie auch schon erlebt.

Ungefähr in diesem Alter veränderte ich mich stark. Ich nahm all diese Erscheinungen und Begebenheiten nicht mehr länger mal angstvoll, mal neugierig hin, sondern die Gewißheit wuchs in mir, daß ich *anders* war als die anderen um mich herum. Je erwachsener ich wurde, desto mehr erweiterten sich meine Erfahrungen ganz von selbst. Ich konnte an Tagen, an denen ich sehr zurückgezogen und ruhig war, im Spiegel meine Aura sehen. Ich fing aus einem inneren Trieb heraus an, mich mit verschiedensten Kartendecks zu beschäftigen und spürte deren starke Ausstrahlung, ohne daß ich eine bestimmte Legart gelernt hätte.

Meine Eltern holten zu der Zeit mehrere katholische Priester in unser Haus, die den Spuk vertreiben sollten; aber es half nichts. Danach kam meine Mutter auf die Idee, einen Brief an die Geister zu schreiben und sie zu fragen, was wir ihnen denn getan hätten, daß sie keine Ruhe gäben. Den Brief legte sie mehrere Nächte ins Kaminzimmer. Der Spuk ging dennoch weiter wie bisher. Mich wunderte das nicht.

Mein Großvater war im Oktober 1940, kurz nach meiner Geburt, an einer Blinddarmentzündung gestorben. Trotzdem hatte ich als Kind oft sein Bild vor mir und »sehe« ihn heute auch noch. Immer wenn er damals auftauchte, gab er mir Nachrichten, die ich an meinen Vater weitertragen sollte. Jedesmal bei seinem Erscheinen verkrampfte sich mein ganzer Körper; ich wurde total steif und hatte ein Gefühl am Hals, als würge mich jemand. Ich war alles andere als glücklich, als ich spürte, daß meine Verbindung zu anderen Welten auch tief in die Vergangenheit reichte. Und ich spürte gleichzeitig ein seltsames Gefühl, von dem ich wußte, daß ich es niemand begreiflich machen könnte: daß es für mich überhaupt keine Trennung gab zwischen Vergangenheit, Gegenwart und Zukunft, daß alles einfach präsent war.

Für viele war ich wohl ein unheimliches Kind, weil ich nie gelacht habe. Mein Vater schlug mich manchmal, ich glaube einfach, weil er mir etwas verzweifelt austreiben wollte, von dem er wußte, daß es in mir war. »Kleine Hexe«, so nannte mich meine Mutter. Mal wurde ich dann wieder gelobt für meine Eigenarten, weil ich Erwachsene verblüfft hatte, mal wurde ich bestraft, weil ich ihnen wieder mal etwas zu weit ging.

Schon als kleines Kind hatte ich nie Angst zu sterben, weil ich ganz sicher wußte, daß ich bald wiederkommen würde. So saß ich eines Tages auf dem Hausdach, und Mutter rief entsetzt: »Komm da runter, bevor du fällst!« Ich aber dachte, es macht doch nichts, wenn ich herunterfalle und tot bin, ich bin ja ohnehin bald wieder da. Damals verstand ich einfach noch nicht, daß ich auf einem anderen Weg als die anderen war; das allmähliche Begreifen setzte erst langsam in meiner Teenagerzeit an. Gerade, wenn man mit so ungewöhnlichen Kräften in die Welt geschickt wird wie ich, ist es in der Kindheit nicht einfach zu lernen, richtig damit umzugehen.

Das, was man allgemein beobachten kann, war bei mir noch stärker ausgeprägt: Kleine Kinder haben keine große Angst vor dem Sterben, weil sie sich oftmals noch unmittelbar an ihr vorheriges Leben erinnern und deshalb noch nicht den Schrecken der Endlichkeit, der viele Erwachsene belastet, erfahren haben. Mit verschiedenen Rückführungsmethoden – wie zum Beispiel mit der Silva-Mind-Methode, die ich intensiv praktiziere – können wir auch als Erwachsener dieses Wissen über unsere Reinkarnationen langsam wieder an das Licht des Bewußtseins bringen.

Diese Unabhängigkeit meiner Erlebnisse von Zeit und Raum wurde mir ganz langsam deutlich. Und auch die Tatsache, daß Erlebnisse gleichermaßen mein reales Erleben wie auch meine Visionen waren. Manchmal wurde das eine auch durch das andere bestätigt. Beispielsweise, als ich detailliert träumte, ich solle auf meinem Schulweg in ein ganz bestimmtes Gebüsch schauen, da würde ich einen Toten sehen. Den weiten Schulweg ging ich stets mit drei Jungs aus der Nachbarschaft. Ich erzählte ihnen meinen Traum, und wir gingen zu dem alten Garten, wo etwas abgesenkt das Gebüsch lag. Auf unseren Schultaschen rutschten wir die Böschung herunter zu den großen Sträuchern. Dort fanden wir zwei Pakete – es waren in Zeitungspapier eingewickelte abgehackte Hände und Füße. Aufgeregt und voll Grauen erzählten wir alle zu Hause davon; niemand aber wollte uns glauben. Bis sich dann Tage später herausstellte, daß ein Gärtner aus einem nahen Viertel verschwunden war. Man fand seine Leiche, ohne Hände und Füße. Die hatten wir schon lange vorher an der besagten Stelle entdeckt.

Mit vierzehn Jahren kam ich auf das Prager Tanzkonservatorium. Zu der Zeit waren ja die Kommunisten schon Jahre an der Macht, und alles, was irgendwie mit dem okkulten Bereich in Verbindung gebracht werden konnte, war antikommunistisch und damit streng verboten. Im Konservatorium aber fand ich Freundinnen, die auch an Séancen interessiert waren. Heute glaube ich, daß diese Erfahrungen für sie eher jugendlicher Neugier entsprangen; in mir jedoch war ein Drang, mehr Klarheit über mein eigenes Wesen zu bekommen, von dem ich inzwischen deutlich wußte, daß es mich in Bereiche führen würde, die anderen nicht zugänglich waren.

Wir übten zusammen mit einem Teller, an dessen Rand wir einen Pfeil aufgemalt hatten. Der Teller wurde auf ein großes Papier gelegt, auf dem im Halbkreis das Alphabet und die Zahlen von eins bis zehn geschrieben waren. Dann riefen wir in Séancen Geister an, stellten Fragen, und der Teller rutschte, drehte sich in rasender Geschwindigkeit, um uns Antworten zu diktieren. Ein Geist namens Filip kam zu mir – und nur ich konnte ihn sehen –, der mir schon damals sagte, ich würde später nach Deutschland gehen, das sei mein eigentliches Land. Filip zeigt sich mir heute noch gelegentlich.

Ein Einschub, der mir besonders am Herzen liegt: Ich weiß, daß heute viele Jugendliche mit ihrem intensiven, wenn teilweise auch sehr modisch motivierten okkulten Interesse sich in Séancen, im Teller- und Tischerücken versuchen. Von den Eltern bis zur Kirche regen sich alle sehr darüber auf und meinen, die Beschäftigung mit diesen Grenzbereichen könnte die Heranwachsenden verführen und fehlleiten. Das ist richtig, wenn sehr unreife Jugendliche sich vom Okkultismus nur deshalb angezogen fühlen, weil er geheimnisvoll wirkt und »gespenstische« Spiele ermöglicht, die dazu auch noch gerade Mode sind.

Ich warne schon an dieser Stelle in aller Deutlichkeit vor Schwarzer Magie! Auch diese einfachen Séancen, von Unwissenden ausgeführt, können die falschen Wesen heranlocken. Bei mir war es in meiner Jugend nur eine gute Fügung, daß ich bei all meinen ersten okkulten Forschungsspielen nicht von irgendeinem niederen Element besetzt wurde. Darum würde ich auch Jugendlichen auf keinen Fall zu solchen Séancen raten, schon gar nicht sie ihnen beibringen. Das alles aus sachlichen, nicht aus moralischen Gründen.

Denn ich verstehe mich als Hexe nicht als moralische Instanz, um diese Dinge zu verdammen. Ich warne nur entschieden davor, den okkulten Bereich unvorsichtig anzugehen! Die, die sich so furchtbar über diesen ganzen Bereich entrüsten, sind übrigens oft identisch mit denen, die diese Phänomene generell leugnen.

Damals, auf dem Tanzkonservatorium, gingen wir oft auf den gegenüberliegenden jüdischen Friedhof und versuchten uns in kleinen Ritualen. Mit meiner Freundin Jeanette bin ich später öfters zu einer alten Hexe namens Frau Pojdova gegangen. Sie war eine von den Kommunisten enteignete Grundbesitzerin und arbeitete nun als Heizerin in der Prager Akademie. Ich hoffte, mit ihrer Hilfe besser zu begreifen, welche Kräfte mit mir waren. Im Heizungskeller der Akademie haben wir von ihr zahlreiche okkulte und kabbalistische Praktiken gelernt. Diese alte, dürre, in ihrer Ausdrucksweise sehr feine und geheimnisvolle Frau lehrte uns Kartenlegen in verschiedenen Legemethoden, Tischerücken mit dem dreibeinigen Tisch, zeigte uns, mit Runen und anderen Zeichen umgehen, leitete uns an, die Gestirne zu deuten und Rituale abzuhalten. Ganz allmählich wurde mir klar, daß ich nicht ein seltsames Wesen war, nur weil ich anders als die meisten anderen fühlte und viel mehr sah als sie; vielmehr kam in mir der Gedanke hoch, daß all diese scheinbar merkwürdigen Erfahrungen und Neigungen sehr viel mit meiner eigentlichen Lebensaufgabe zu tun haben könnten.

Es war Frau Pojdova, die uns einschärfte, niemals einen Toten zu rufen, denn das bringe Unglück. Jeanettes Vater hatte sich kurze Zeit vorher umgebracht. Meine Freundin Jeanette selbst war zu neugierig, mußte einfach versuchen, alle okkulten Kräfte zu aktivieren; für sie war allerdings das alles mehr ein großes Spiel, für mich schon lange nicht mehr. Sie rief, als die Hexe Pojdova gerade den Heizungskeller für eine Weile verlassen hatte, beim Tischerücken ihren Vater, was mich zutiefst erschreckte. Im selben Moment erschien in der dunklen Ecke, mitten zwischen den dicken, alten Heizungsrohren, ein leuchtendgrünes Gesicht.

Seit diesem Vorfall veränderte sich Jeanette auffallend, sprach wenig, traf sich nicht mehr mit mir, schloß sich die meiste Zeit zu Hause in ihrem Zimmer ein. Ein Jahr später starb sie mit neunzehn Jahren an Gehirntumor – Gehirntumor hatte die Diagnose schon Monate vor ihrem Tod gelautet. Nach ihrem Tod wurde sie obduziert, und die Ärzte stellten zu ihrer großen Überraschung fest, daß sie gar keinen Tumor gehabt hatte. In den Wochen vor ihrem Ende aber, für das man keine schlüssige medizinische Erklärung finden konnte, hatte sie mehrmals vergeblich versucht, sich aus dem Fenster zu stürzen.

Für mich war ihr Tod ein hartes Lehrstück, das mich lange Zeit aufwühlte und beschäftigte. Es sorgte dafür, daß ich mit den Kräften der immateriellen Welt noch vorsichtiger und unter Beachtung aller Regeln und rituellen Vorschriften umzugehen begann.

Heute weiß ich natürlich, daß es Nekromantie ist, wenn man Tote ruft. Das ist niederste Magie, die verhängnisvoll wirken kann. Tote wollen reinkarnieren, dazu muß man sie in Ruhe sich lösen lassen. Und wie ich schon sagte: Es besteht immer die Gefahr, daß man anstatt der verstorbenen Großmutter die man anruft, irgendeinen niederen Astralkörper anspricht, einen Dämon. Dies kann nicht nur über die Technik des Tische- oder Tellerrückens passieren, sondern auch mit dem Pendeln, vor allem am Abend. Das Pendel wird fälschlicherweise oft als witzige Spielerei angesehen. Geistiges Pendeln aber kann große Kräfte freisetzen.

Frau Pojdova fand damals Gefallen an mir; sie spürte meine wachsenden Kräfte, meine Stärke, prophezeite, ich könne viel bewegen, auch viel vertragen durch meine hohe Energie. Deshalb setzte sie meine Ausbildung fort und führte mich auch in die Geheimnisse schwarzmagischer Riten ein. Dabei erinnerte sie mich freilich immer daran, mit diesem Wissen sehr verantwortungsvoll umzugehen. Ich glaube fest, das habe ich bis heute gemacht.

Das Wissen über Schwarze Magie ruht in mir wie in einem Tresor. Ich muß zugeben, daß ich es früher teilweise ausprobiert habe und über die Wirksamkeit überrascht war. Ernsthaft wende ich es heute nie mehr an, denn ich weiß um die Gefahren und begreife mich als eine rein *weißmagische Hexe*, die Menschen in den verschiedensten Situationen und Problemen helfen will.

Damals in Prag freilich, als Teenager auf dem Konservatorium, konnte ich noch nicht verantwortlich genug mit meinen Fähigkeiten, die durch mein neues Wissen erst richtig zum Tragen kamen, umgehen. Ich hatte eine Ballettlehrerin, die ich nicht mochte, weil sie uns alle auf wirklich widerliche Weise schikanierte und fertigmachte. Da wünschte ich mir mit einigen Formeln, diese Giftspritze solle sich ein Bein brechen, damit wir eine andere Lehrerin bekämen. Zwei Wochen später ging dieser Wunsch in Erfüllung! Heute distanziere ich mich davon und weiß, daß man mit solchen Problemen im Leben anders fertig werden muß. Und mir ist klargeworden: Hätte ich solche üblen schwarzmagischen Spiele noch viel öfter gemacht, wäre mir sicherlich meine magische Energie verlorengegangen. Ich steckte damals in der keineswegs ungefährlichen Situation, über große und wachsende mentale Kräfte zu verfügen, ohne sie mit der nötigen Reife richtig beherrschen zu können.

Frau Pojdova ist übrigens Anfang der sechziger Jahre wegen ihrer okkulten Tätigkeit von den Kommunisten verhaftet worden. Was dann mit ihr passierte, weiß ich nicht. Ich hatte zu dieser Zeit die Tschechoslowakei schon verlassen und machte jahrelang ganz neue Erfahrungen: mit dem Voodoo-Kult in Afrika. Dort lernte ich dann endgültig, was Okkultismus bewegen kann.

5   Voodoo – meine Lehrzeit in Afrika

Tam-tamtam-tam-tamtam singen die Trommeln schon seit fast drei Stunden, immer der gleiche Rhythmus. In der Mitte brennt ein großes Feuer, und gut hundert Menschen sitzen drumherum. Rund zwanzig schwarze Leiber bewegen sich zu den dumpfen Schlägen der Tamtams, voll in Trance. Die Frauen und die Männer sind festlich gekleidet, die edelsten Tücher um die rotierenden Hüften, mit dicken, bunten Halsbändern, Federn überall, an den Hüften, in den Händen, an den Handgelenken. Jetzt stehen noch mehr Frauen auf und wiegen sich mit im mächtigen Rhythmus – sie tanzen nicht selbst, ich spüre deutlich, sie *werden getanzt*. Rund ein Dutzend Frauen bewegen sich aufeinander zu, fassen sich an den Händen und schwingen sich immerzu weiter in diese hypnotische Spur, die die Trommeln weisen. Langsam, mit fast schläfrigen Bewegungen, die auch eine deutliche, provozierend erotische Ausstrahlung haben, schiebt sich die zu einer festen Einheit verschmolzene Frauengruppe näher in den Schein des Feuers. Tam-tamtam-tam-tamtam, auch mein Herzschlag hat sich längst diesem beherrschenden, diesem spürbar keinen Widerspruch und keinen anderen Gedanken duldenden Schlagen der Trommeln angepaßt. Die fünf Schwarzen, die die Tamtams schlagen, sind auch nur Ausführende, selbst in Trance. Wie Gliederpuppen schlagen sie ohne jedes Anzeichen von Ermüdung seit Stunden die Tamtams.

Jetzt schlagen sie schneller, und der Tanzrhythmus der Frauen steigert sich, der der Männer, die nun auch als einheitliche Gruppe tanzen, gleichfalls. Schneller, immer schneller, die unendlich vielen Federn an den rund zwei Dutzend schweißnassen Körpern fliegen vor meinen Augen, schwirren in meinen Ohren. Plötzlich wirbeln zwei noch viel reicher geschmückte junge Schamanen in die Mitte, tanzen ekstatisch um das Feuer und reißen die anderen Tänzer mit. Die Trommeln werden nun in rasender Geschwindigkeit geschlagen, und ebenso schnell zucken die dunklen Leiber, aber ohne jeden Eindruck von Anstrengung, dieses Tempo zu halten. Die Körper wirken so leicht wie die vielen Federn, und vor meinen Augen vermischt sich alles – die glänzenden Leiber, der bunte Schmuck, das lodernde Feuer, die weißen und schwarzen Federn – zu einem schwerelosen, flirrenden Kaleidoskop.

Langsam tritt der oberste Schamane in die Mitte. Drei Worte, die mit tiefer Stimme aus seinem Mund kommen. Eine magische Formel. In derselben Sekunde erstarrt das rasende Kaleidoskop. Wie eingefroren verharrt jeder Tänzer in seiner Bewegung, bis sich nach einer Weile alle entspannen und lösen. Ein schwarzes Huhn, das vorher hypnotisiert wurde, wird gebracht und geköpft. Der oberste Schamane läßt das Hühnerblut auf seinen Körper tropfen, anschließend auf die seiner beiden Assistenten. Danach beschmiert er das Gesicht aller Tänzerinnen mit dem warmen Hühnerblut. Formeln werden gesprochen, die ich nicht verstehe. Ich weiß nur, daß dies ein schwarzmagisches Ritual ist.

Das Ritual mit dem schwarzen Huhn wird durchgeführt, wenn jemand, der auch weit weg sein kann, bestraft, vielleicht sogar zum Tode verdammt werden soll. Ich habe am nächsten Tag versucht, herauszubekommen, wer bestraft wurde, aber alle haben geschwiegen wie ein Grab. Obwohl ich sie so gut kannte.

1964, als ich diesem Ritual in einem Buschdorf zwanzig Kilometer weg von Kissidougu beiwohnte, war ich schon über ein Jahr in Afrika. Mein Mann Pavel, den ich 1961 in Prag geheiratet hatte, war Arzt. Zu Hause in Prag war fast nichts damit zu verdienen, deshalb gingen damals viele tschechische Ärzte in Entwicklungsländer, wir nach Guinea. Mit unserer winzigen Tochter Adriana, die ich erst ein Jahr vorher auf die Welt gebracht hatte. Erst waren wir in der Haupt- und Hafenstadt Conacry an der Elfenbeinküste, dann im Busch, an der Grenze zu Mali: mitten im stärksten afrikanischen Voodoo-Gebiet, voll von Schamanen und Hexen. Es war kein Zufall, daß ich hierherkam.

Drei Jahre lebten wir hier. Mein Mann arbeitete unter primitiven Umständen, zuerst in der kleinen Stadt Kankan, wo es tatsächlich eine richtiggehende »medizinische Schule für Schamanen« gab. Im zweiten Jahr wurde er tief in den Busch nach Kissidougu versetzt. Hier, im schwärzesten Voodoo-Gebiet, war Pavel als einziger Arzt in einem riesigen Einzugsgebiet für rund 60 000 Menschen zuständig. Sieben Stämme bestimmten hier die Gesellschaft, von den intelligenten, schönen Malinke bis hin zu den kleinen, tiefschwarzen Kissien.

Mein Mann bekam in diesen drei Jahren viele seltsame Ereignisse mit, aber er weigerte sich strikt, sich auch nur in irgendeiner Form für die Voodoo-Hintergründe zu interessieren. Aber er war zum Glück vorsichtig genug, vor den Schwarzen über die Voodoo-Magie nicht zu schimpfen. Denn mehrere Ärzte, die das getan hatten, erkrankten in den Wochen darauf auf ganz unerklärliche Weise und starben schnell. Pavel, der sich bewußt neutral verhielt, hatte selten Ärger und besaß das Vertrauen vieler Patienten. Er sagte auch kein Wort, wenn er immer wieder mitbekam, daß sie neben seiner Behandlung ihre Krankheiten zusätzlich mit Voodoo-Ritualen bekämpften. Und es geschah öfter, daß Patienten, die er bereits aufgegeben hatte, nach einigen Wochen fröhlich wieder hereinspaziert kamen. Sie waren bei Schamanen oder bei einer Hexe gewesen, die sie geheilt hatten.

Von Anfang an bekam ich jedoch auch die schrecklichen Seiten von Voodoo mit. Immer wieder wurden Tote gefunden, sehr oft Kinder, denen – ganz offensichtlich bei lebendigem Leib – das Herz herausgeschnitten worden war. Mein Mann zuckte nur mit den Schultern. Was sollte er auch zu diesen dunkelsten Seiten der Schwarzen Magie sagen, wenn schon keiner der Menschen, die hier lebten, darüber reden wollte! Die Angst, hier Tabus zu verletzen, war riesengroß. Ich merkte schon sehr bald, wie sehr Voodoo mit dem normalen Alltagsleben verknüpft war.

Alle Hotels in der Gegend hießen entweder Karawanserei oder

Villa Sillei; Sillei heißt Elefant. Dort war auch stets eine Art Drugstore, und nur dort gab es in dem muselmanischen Voodoo-Gebiet Alkohol, Reisbier aus China und Palmwein. In dem Drugstore bei der Karawanserei gegenüber der Praxis meines Mannes hing auch ein gutes Dutzend Strohpuppen zum Verkauf, kleine und riesengroße, gut zwei Meter hohe mit Masken als Gesicht und über und über mit Korallen behängt. Mamadou, der Chef des Ladens, bat mich, als wir das erste Mal zu einem kurzen Heimatbesuch nach Prag flogen, von dort Perlen mitzubringen. Ich kam seiner Bitte nach, worüber er sich sehr freute. Lachend sagte er mir, nun werde es mir immer gutgehen; ich solle mich nur vor bösem Zauber schützen. Tatsächlich bin ich von da an nie mehr erneut ernsthaft krank geworden, nachdem ich mir vorher Maleria geholt und ständig unter schweren Darmkrankheiten gelitten hatte.

Die magischen Voodoo-Kräfte waren allgegenwärtig. Ich fragte meine Karten, wie ich damit umgehen sollte, und sie sagten mir, daß ich mehr über diese Kräfte erfahren müsse, weil mich das erst richtig schützen könne. Immer, wenn ich meinen Boy Vampa wegen irgendwelcher Schlampereien geschimpft hatte, fand ich danach irgendwo in meinem Wohnbereich einen Pantherzahn. Und jedesmal ist mir dann auch irgend etwas Unangenehmes passiert; ich wurde plötzlich ohnmächtig, oder mir wurde stundenlang entsetzlich schlecht. Der Zusammenhang mit den Pantherzähnen wurde mir allmählich klar.

Das ging ein paarmal so, bis Vampa eines Abends total betrunken war. Ich war sehr verärgert über ihn, weil er mir ganz offensichtlich Reis gestohlen hatte. Ich machte ihm Vorhaltungen und fragte ihn, warum er betrunken sei. Er sagte, er trinke gerne Palmwein und sei deshalb vom islamischen zum katholischen Glauben übergewechselt. Zu der Sache mit dem Reis meinte er: »Madame, ich habe nur für deinen Mann kochen wollen.« – Pavel hatte aber längst gegessen. Ich schimpfte ihn wieder, und er wurde ganz starr in seinem Blick und flüsterte: »Madame, dafür kann ich dich jetzt töten; ich brauche nur zu meinem Schamanen zu gehen!« Ich reagierte ebenso erschrocken wie neugierig und beruhigte ihn, versprach ihm ein Geschenk und nahm ihm dafür das Versprechen ab, daß er mich zu seinem Schamanen bringen werde.

Am nächsten Tag war das Vampa gar nicht mehr recht, aber er hielt sich an sein Versprechen und führte mich zu dem Schamanen. Der wohnte drei Kilometer außerhalb von Kissidougu in einem Kasik, einem kleinen Häuschen. Er war ein dicker, sehr dunkler Schwarzer, über und über behängt mit Schmuck, Zähnen und Knochen. In der rechten Hand hielt er einen Stock mit den Haaren eines Eselschwanzes an der Spitze. Wie ein Zepter präsentierte er dieses Zeichen von Macht. Vampa war sehr ängstlich, weil es ein ehernes Gesetz ist, bei anderen über Voodoo stillzuschweigen. Aber ich habe dennoch ziemlich schnell einen vertraulichen Kontakt zu dem Schamanen gefunden. Er spürte wohl gleich meine magische Veranlagung.

Was mich jedoch am meisten interessierte: Ich wollte soviel wie möglich über die Magie der Frauen erfahren. Nach einigen Besuchen bat ich den Schamanen, mich zu einer Hexe zu bringen. Wie überall in der Magie sind auch im Voodoo die Hexen den Magiern untergeordnet. Der Schamane führte mich bereitwillig zu einer sehr fetten, zahnlosen Frau, die aber noch keine vierzig war, die mich sehr freundlich empfing. Es hatte sich mittlerweile herumgesprochen, daß ich furchtlos sei und den Schwarzen in vielen Situationen helfen würde, wenn es irgendwie möglich. Außerdem hatte ich dem Schamanen die Karten gelegt, was ihn sichtlich beeindruckt hatte.

Zu der Hexe ging ich oft. Sie lehrte mich, daß nur ein ganz kleiner Teil des Voodoo sich mit Schwarzer Magie befaßt, der Großteil aber sich mit Heilung beschäftigt. Die Hexe kannte die Wirkung von Hunderten von Kräutern. Oft kamen die Dorfbewohner zu ihr und wollten etwas über zukünftige Entwicklungen erfahren. Männer fragten nach der Ernte, nach Liebe und ihrer Potenz; Frauen, ob sie einen bestimmten Mann heiraten sollten. In solchen Fällen warf die Hexe ein Orakel mit rituell angeweihten Hühnerknochen. Sie warf sie immer in Richtung Süden und deutete anschließend die jeweilige Stellung der Knochen. Hühnerknochen sind im Voodoo-Gebiet ein ähnlich starker Zauber wie bei uns Runen. Beim Essen werden sie nur angefaßt, wenn noch Fleisch daran ist, danach werden sie sofort weggelegt.

Die Hexe lehrte mich, wie man Schlangen und Hühner hypnotisiert. Es gab in der Gegend viele Mambas und hochgiftige Vipern, insofern besaß diese Schulung eine durchaus praktische Seite. Mein Mann hatte fast täglich Fälle von Vergiftungen durch Schlangenbisse zu behandeln, und selten konnte er die armen Leute retten. Ich übte, den Tieren ganz fest und ohne jede Angst – das ist die wichtigste Voraussetzung – in die Augen zu sehen. Das ist sehr anstrengend, weil es rund fünf Minuten dauern kann, bis die Schlange in Schlaf fällt.

Wer diese Konzentrationsfähigkeit lange genug geübt hat, kann das auch einmal im Tierpark bei Schlangen probieren. Da funktioniert es ebenso. Man spürt dann förmlich, wie man das Tier beherrscht.

Die Hexe suchte alle ihre Kräuter in den Wäldern, die in diesem Teil Afrikas als heilig galten. Alle Mädchen lebten vom neunten bis zum elften Lebensjahr, die Buben vom dreizehnten bis zum fünfzehnten in den heiligen Wäldern, um den Umgang mit heilenden Pflanzen von Grund auf zu erlernen. In den Wäldern wuchs eine Vielzahl wunderschöner Orchideen, die von den Schamanen für verschiedentliche Anwendungen benutzt wurden, beispielsweise gegen Erkältungen oder zum Auflegen auf Wunden. Die Mädchen mußten lernen, angstfrei zu leben, die Buben richtige Mutproben absolvieren, als Team einen Panther, eine Schlange und ein Wildschwein erlegen. Erst nach der zweijährigen Zeit in den heiligen Wäldern wurden Jungen und Mädchen beschnitten. Dieser grausame Brauch wurde zu meinem Entsetzen tatsächlich noch praktiziert, und das nicht nur in Ausnahmefällen, sondern bei fast allen Kindern. Mein Mann hatte oft schreckliche Fälle von Infektionen zu behandeln. Offiziell wurde von Beschneidungen nie gesprochen, und meinem Mann gaben sie in seiner Buschklinik meist ziemlich abwegige Erklärungen. So behaupteten sie allen Ernstes bei einem Mädchen mit schweren Wundinfektionen an der Scheide, es sei auf einen Stein gefallen.

Anschließend gingen sie ihrem normalen Leben als Erwachsene nach, das aber stets vom Voodoo begleitet war. Genaugenommen passierte in diesem Gebiet nichts ohne Voodoo-Einfluß. Die Polizei versuchte bei mysteriösen Todesfällen Nachforschungen zu betreiben; die verliefen aber stets im Sande. Denn niemand gab Auskünfte.

Mich akzeptierten die Schwarzen im Lauf der Zeit als Hexe – nicht als eine der ihren, die im Voodoo als Priesterinnen gelten, sondern eben als eine besondere, weiße Hexe. Dieser Status erlaubte es mir, bei vielen Ritualen dabei zu sein. Sie akzeptierten mich ganz, und das war ziemlich einmalig in diesen geheimnisvollen Kreisen. Manchmal war ich bis zu drei Tage von meinem Mann getrennt. Ich nahm sogar weiter an Voodoo-Ritualen teil, als ich mit meiner zweiten Tochter Pauline schwanger wurde. Sie kam 1965 in Conacry zur Welt.

So sind meine beiden Töchter an Orten besonderer Kraft geboren, und das ist heute auch spürbar: Adriana, die Ältere, machte in Deutschland, Frankreich und Amerika Karriere als Model, erschien auf den Titelseiten der größen Modezeitschriften und arbeitet heute in den USA als Schauspielerin. In ihrem Inneren aber ist sie eine große Esoterikerin mit einem hochsensiblen und treffgenauen Gespür. Meine in Afrika geborene Pauline arbeitet in München, besitzt ein sehr waches Gespür für Materielles – und auch sie hat in ganz starkem Maße den anderen Pol; sie ist wirklich eine Hexe.

Schwarze Magie zielt anders als Weiße Magie auf Machtgewinnung ab. In Guinea waren Menschenopfer die härteste Form dieser Magie. Auf solchen Mord stand die Todesstrafe, aber dennoch wurden immer wieder Leichen mit aufgebrochenem Brustkorb und herausgerissenen Herzen gefunden. Ich bekam schließlich heraus, daß dieses mörderische Ritual den Zweck hatte, in Kontakt mit den Göttern zu kommen und so mehr Macht über Menschen zu erlangen.

Voodoo ist ein beliebtes Thema für viele Gruselstorys und

Filme. Meist wird dabei Voodoo im Sinne Schwarzer Magie thematisiert, wie er in Haiti noch heute sehr intensiv praktiziert wird. Viele sagen auch, es drehe sich nur um Aberglauben. Ich kann dazu nur sagen: Vorsicht! Ich habe zuviel gesehen, was mir deutlich gemacht hat, daß hier im Positiven wie im Negativen mit ganz speziellen Ritualen und sehr hohem Wissen über gute und böse Wirkstoffe aller Art eine unglaublich potente Magie am Wirken ist. Eine Magie, die auch Leute traf, die gar nicht wußten, daß sie gegen sie gerichtet war, die also keinerlei Aberglauben unterliegen konnten. Interessant war für mich auch zu hören, daß bei den Dreharbeiten zu dem sehr harten Voodoo-Film »Angel Heart« so viele mysteriöse Dinge passierten, daß sogar Hauptdarsteller Mickey Rourke schon drauf und dran war, abzubrechen. In diesem Film ging es auch tatsächlich sehr realistisch um Schwarze Voodoo-Magie – vielleicht war manches zu lebensnah inszeniert.

Mich hat von Anfang an vor allem die Kraft der Weißen Voodoo-Magie interessiert und fasziniert. Ich hatte schon damals gefühlt, daß in mir eine Heilenergie steckte. Neben der Kenntnis über die Wirkung von Pflanzen und Kräutern erlernte ich viele Voodoo-Rituale. Von daher stammt auch mein Wissen über die große Kraft vergrabener Puppen. Man muß sie unbedingt an einem einsamen Ort vergraben, damit nie die Gefahr besteht, daß sie zum Beispiel durch einen Bagger ausgegraben und verletzt werden. Das könnte für den Menschen, den die Puppe symbolisiert, lebensbedrohlich sein.

Im Voodoo habe ich auch erstmals konzentriert gelernt, mit mentaler Energie zu arbeiten, wie ich es heute oft tue. Die Voodoo-Priesterin, die mich unterrichtete, war fähig, Menschen gute oder auch schlechte Träume zu schicken.

Für meinen Mann war die Zeit in Afrika nicht einfach. Er mußte ungeheuer viel arbeiten und fühlte sich isoliert. Dazu kam, daß einer seiner Freunde, ein vierzigjähriger tschechischer Arzt, der mit den Schwarzen in Streitereien geraten war, ein paar Tage später einfach tot umfiel. Stundenlang hörten wir anschließend die Tamtams, mit denen Kilometer um Kilometer die Nachricht weitergegeben wurde. Und irgendwo wird irgend jemand zufrieden genickt haben.

Meinen Mann respektierten sie zum Glück als Arzt, wohl auch, weil er eine Hexe zur Frau hatte. Aber ich spürte oft, daß er dennoch Angst hatte. Vor Operationen mußte ich ihm jedesmal die Karten legen; er wollte wissen, ob er jetzt operieren solle oder nicht. Pavel wollte und konnte sich keine mißglückten Operationen leisten, wohl aus Furcht vor der anschließenden Voodoo-Bestrafung. Wer etwas falsch macht, wird schnell bestraft, das ist wie ein Ehrenkodex im Voodoo. Es war auch auffällig, daß sich damals nicht einmal der Staatspräsident Sekon-Touré in unser Voodoo-Gebiet wagte.

Frauen spielen, wie schon erwähnt, im Voodoo eine eher untergeordnete Rolle, womöglich zusätzlich durch den Islam beeinflußt.

Die großen Rituale werden auf jeden Fall immer von Schamanen ausgeführt – Frauen sind dabei nur Helferinnen. Und wenn mein Mann beispielsweise eine Frau erfolgreich operiert hatte, bot die Familie ihm als Dankesgeschenk die junge Tochter als Frau an – reiche Männer hatten dort bis zu sechzig Frauen. Wie an so vielen Plätzen auf unserem Planeten wurde in diesem Teil Afrikas das männliche Prinzip als das wahre göttliche verehrt.

Ich habe gewisse Regeln in den magischen Logen zwar immer akzeptiert, um vernünftig arbeiten zu können, dieses Denken aber ist für mich dennoch barer Unsinn. Gott ist die Verschmelzung des männlichen und des weiblichen Pols. Sonst kann Gott nicht alles, nicht das Universum sein. Auch Frauen sollten das so sehen und im Hexenkult nicht einzig die Große Göttin anrufen. Richtig ist, daß von den zweiundsiebzig Gottesnamen sechzig weiblich sind. Und richtig ist auch, daß Magie, im Gegensatz zur christlichen Kirche, der Sexualität einen sehr hohen Stellenwert einräumt. Jeder Aurasichtige weiß, daß der Mensch im Orgasmus seine höchste Energie entwickelt. Die Aurasichtige Lea Sanders*beispielsweise berichtet, daß sie immer sehen kann,

* vgl. Lea Sanders: Die Farben Deiner Aura, Goldmann Tb Nr. 11844

wenn ein Paar kurze Zeit vorher Geschlechtsverkehr gehabt hat, weil beider Aura noch besonders stark und auch miteinander verbunden ist. Schließlich ist unser Sexualchakra der Weg, durch den sogar alle mentale Energie heraus- und hereinströmt.

Sexualität stand in Guinea sehr im Mittelpunkt. So kamen die Schwarzen oftmals zu Pavel und baten ihn zusätzlich zu ihren Voodoo-Kräftigungsmitteln um Arzneien für die Potenz, weil sie ihren vielen Frauen ihre volle Männlichkeit beweisen mußten. Ich war auch bei einigen nächtlichen Ritualen dabei, bei denen sich der Schamane ein junges Mädchen aussuchte und im Kreise aller mit ihr schlief.

Als wir im Winter 1966 Afrika wieder verließen, war ich dankbar, den magischen Weg in einer seiner ursprünglichsten, kraftvollsten Formen erfahren und von ihm gelernt zu haben. Es gab ein großes Abschiedsfest in Kissidougu, das auch von vielen rituellen Handlungen umrahmt war. Dabei mußte mein Mann ein paar lebende Käfer essen, das sollte Kraft geben – Frauen müssen das nicht. Pavel holte sich wohl damit an diesem letzten Tag in Afrika eine schwere Gelbsucht. Kurz danach waren wir wieder in Prag, und ich wußte, es würde nicht mehr für sehr lange sein. Im doppelten Sinne: Prag sollte nur noch eine Durchgangsstation für mich werden, und meine Ehe näherte sich ihrem Ende.

6 Schicksalsschläge als Zeit der Reife

1968 war das entscheidende Jahr, dem eine lange Phase von Trennungen und grundlegenden Veränderungen folgte, die für meine Entwicklung offenbar notwendig waren. Im Februar wurde ich von meinem Mann geschieden; im August besetzten die Russen die Tschechoslowakei. In den zwei Jahren, seitdem ich aus Afrika zurück war, hatte ich häufig am Schwarzen Theater in Prag gespielt, kleinere Stücke geschrieben, viel Pantomime gemacht und nebenher als Dolmetscherin gearbeitet.

Und immer Karten gelegt. Nachdem ich mich einige Zeit intensiv mit Astrologie beschäftigt hatte, kam ich schon damals davon ab, Horoskope überzubewerten – ich erkläre später ausführlicher, warum (vgl. S. 108 f.). Die Horoskope stimmten einfach nicht genau genug, obwohl ja andererseits die grundsätzliche, mächtige Energie der großen Planeten für mich ganz außer Frage stand und ich in kabbalistischen Ritualen versuchte, mit ihnen in Kontakt zu kommen.

Was jedoch sehr genau stimmte, waren meine Kartenauslegungen. Meist benutzte ich damals bayerische Schafkopfkarten. Das Schlimme für mich war zu dieser Zeit, daß ich relativ häufig schmerzhafte Entwicklungen für Menschen vorhersah und selbst sehr deprimiert war, wenn ich es ihnen einfach mitteilte. Ich war damals noch nicht ganz in der Lage, beim Vorhersagen solch hemmender Entwicklungen alle Seitenaspekte miteinzubeziehen, konnte noch nicht ausreichend gewichten, welche Information ich wie intensiv weitergeben sollte. Ich funktionierte ganz einfach wie ein Transformator zwischen universalen Mitteilungen und ganz normalen irdischen Fragern. Heute weiß ich, daß eine Hexe zu dieser Fähigkeit auch ihre eigene Persönlichkeit einbringen muß, damit die Fragenden die Informationen auch für ihre Seele und Persönlichkeit gewinnbringend verwerten können.

Aber damals war ich einfach noch nicht ganz soweit. Im Sommer 1966 – wir waren gerade aus Afrika zurück, und ich fühlte, daß der Kontakt mit Voodoo meine Sensitivität gerade bei meiner Arbeit mit Karten erheblich gesteigert hatte – legte ich einer Freundin die Karten und warnte sie spontan, sie müsse sehr auf ihre Mutter aufpassen; dieser könne sonst ganz plötzlich etwas passieren. Ihre Mutter starb dann sechs Monate später in ihrer Wohnung, weil ein überlaufender Kochtopf die Gasflamme des Küchenherdes gelöscht hatte. Und als ich meinem Vater anderthalb Jahre danach die Karten legte, sagte ich ihm ohne viel nachzudenken, seine 32jährige Freundin würde keine 33 werden. Zwei Tage vor ihrem Geburtstag sprang sie aus dem fünften Stock eines Hauses am Prager Wenzelsplatz.

Das war ein schwerer Schock für mich. Ich nahm keine Karten mehr in die Hand. Ich wollte eigentlich nie wieder Karten legen, weil ich zuviel Unglück voraussah und damit nicht zurechtkam, ja, fast eine Art Schuldgefühl entwickelte. Tatsächlich habe ich sechs Jahre lang keine Karten mehr gelegt. Ich brauchte wohl diese Pause auch, um in dieser Zeit meine ureigenen persönlichen Probleme, die ja nicht unerheblich waren, zu bewältigen, um mit den Kräften in mir besser zurechtzukommen.

Immer wenn ich in dieser Zeit in Versuchung geriet, die Karten zu befragen, steckte ich in einer schwierigen Situation. Karten, egal ob das ein ganz einfaches Schafkopfspiel oder ein Tarot ist, entwickeln, wenn ich sie in Händen halte – oder auch wenn ich sie nur intensiv anschaue –, ein starkes Eigenleben. Vielleicht müßte ich eher sagen, ich aktiviere sie mit meinen Energien, und sie vermitteln mir dann sofort Mitteilungen aus dem Eigenleben von Menschen. Zwischen den Karten und mir entsteht während des Legens eine Art geschlossene, kommunikative Harmonie, eine tiefe Vertrautheit.

Aber dennoch habe ich bis 1974 keine Karten mehr gelegt. Damals nervte mich dann meine beste Freundin Veronika, die mit mir aus Prag geflohen war, so lange, bis ich die Schafkopfkarten eher spielerisch wieder in die Hand nahm. Sofort sprachen die Karten mich an. Ich sagte Veronika: Was ist los, du hast doch erst vor kurzem geheiratet, aber ich sehe dich in den Karten allein. Ja, sagte sie, wir haben uns gerade scheiden lassen.

Ich nahm mir vor, den Menschen die ganz schlimmen Entwicklungen nicht mehr ganz so hart auf den Kopf zuzusagen, sondern vielmehr in den Karten nach Tendenzen zu suchen, wie kommende Schicksale durch richtiges Erkennen und Verhalten besser abgefedert werden können. Ich habe eine ganze Weile mit dem berühmten Rider-Tarot herumlaboriert, aber diese Karten, mit denen viele offenbar glänzend arbeiten können, sagen mir nichts. Aber das Crowley-Tarot sprach mich enorm heftig an, faszinierte mich und vermittelte mir Informationen, die sehr präzise waren.

Aleister Crowley war damals, Mitte der Siebziger, in Deutschland noch in keiner Weise »in«. Mir gab und gibt er sehr viel, obwohl mir nach dem Studium seiner Schriften klarwurde, daß er eine schwierige Person war. Er besaß unglaublich große magische Kräfte. Und weil er das sehr genau wußte, experimentierte er damit exzessiv, arbeitete mit Drogen und machte etliche Selbstmordversuche in dieser Richtung, was ihm gegen Ende seines Lebens wohl eine ziemliche Überspanntheit bescherte. Es ist vielleicht die alte Geschichte von der engen Verwandtschaft zwischen Genie und Wahnsinn, die sich auch im esoterischen Bereich immer wieder findet. Es ist ja auch nicht leicht, als Mensch auf dieser Welt »normal« zu leben, wenn in einem extrem starke magische Kräfte wohnen, die man nicht einfach verdrängen kann – selbst wenn man das wollte.

Auch bei mir selbst glaubte und glaube ich manchmal zu spüren, daß solche Kräfte einen Menschen mit seiner sonst ganz herkömmlichen psychischen und physischen Ausstattung bis zum Zerreißen fordern. Ich komme genau deshalb nicht darum herum, ständig an mir zu arbeiten, um diese Energien möglichst immer in sinnvolle Bahnen zu bringen, entsprechend dem Lebensthema, das ich gerade habe.

Auch in den sechs Jahren, in denen ich keine Karten legte,

waren diese Energien gegenwärtig, und ich versuchte sie anderweitig in die Welt einzubringen. Ich erlernte damals schon Numerologie, ein System, das ich später perfektionierte. Numerologie ist für mich neben den Karten der beste Weg des Erkennens. Es ist unmöglich, sie in diesem Buch ausführlicher darzustellen, sie ist eine zu umfangreiche Methode, aber ich werde sie doch später kurz skizzieren (vgl. S. 94 f.). Ich kann nur jedem empfehlen, sich mit der Deutung der Zahlen, welche Jahrtausende älter sind als das Alphabet und eine Bedeutung ähnlich den magischen Zeichen haben, zu beschäftigen. Es gibt in diesem Bereich gute Spezialliteratur.*

Nach 1968 begann meine schwerste Zeit. Mein Ex-Mann war gerade mit unseren beiden Töchtern auf dem Land, als die Russen das Land besetzten. Von Bekannten hörte ich, daß er sofort nach Österreich geflohen sei. Ich hatte schon drei Wochen vorher die Okkupation vorausgeahnt. Ich arbeitete damals als Französisch-Dolmetscherin für das kanadische Fernsehen und prophezeite meinen Kollegen Anfang August, es würde bald ungemütlich in der Tschechoslowakei werden.

Damals lachte das ganze Team mich noch aus. Kurz darauf wurde meine schlimme Vision, die ich kaum selbst glauben wollte, Realität.

Ich floh am dritten Tag der Okkupation nach Österreich. Mit meiner deutschen Geburtsurkunde, meinem Paß, zwei Unterhosen und ein paar Schallplatten von Edith Piaf kam ich in Wien an, wo ich zum Glück Verwandte hatte. Dort hörte ich, mein Mann sei mit Adriana und Pauline nach Hamburg gefahren und reiste meiner Familie zusammen mit meiner Freundin Veronika nach.

In Nürnberg aber stiegen wir aus und kehrten nach München zurück, weil ich plötzlich deutlich fühlen konnte, daß die Kinder und er nicht in Norddeutschland waren.

In München erfuhr ich schließlich, daß Pavel eine Arztstelle in

* vgl. u. a. Helyn Hitchcoch: Selbsthilfe durch Numerologie, Peter Erd Verlag

Freiburg angenommen hatte. Und – zu meinem Entsetzen – die Kinder in Frankfurt ins Flugzeug zurück nach Prag gesetzt hatte. Ich war außer mir, er hatte das getan, weil er tagsüber nicht für sie sorgen konnte. Er sagte später, er hätte angenommen, ich sei in Prag. Ich habe meine beiden Töchter deshalb volle zehn Jahre nicht gesehen; ich konnte nur immer wieder versuchen, mental mit ihnen Verbindung aufzunehmen. Es ist mir auch gelungen, die beiden haben heute noch eine ganz ungewöhnlich starke Bindung zu mir. Adriana, die in den USA lebt, ruft fast täglich an.

In München lebte ein Onkel von mir, der mir die erste Zeit half. Auf dem Goethe-Institut verbesserte ich mein Deutsch und studierte an der Universität fünf Semester lang Kunstgeschichte. Als Schauspielerin hatte ich mit meinem Akzent in München keine Chance, und auf dem Weg, beruflich nur noch meine medialen Fähigkeiten einzusetzen, war ich noch nicht weit genug fortgeschritten.

Ich wußte schon als Sechzehnjährige, daß ich drei Kinder haben würde. 1973 wurde ich schwanger und spürte, daß es Zwillinge waren. Während der Schwangerschaft kam meine alte Malaria wieder zum Ausbruch, die Kinder wurden August '74 nach nur sechs Monaten geboren. Es war seltsam – ich war seit Jahren nur auf ein drittes Kind programmiert und wußte, daß es einer der Zwillinge nicht schaffen würde. Nach vier Tagen starb die kleine Rebecca, weil sie beim Blutaustausch versehentlich die falsche Blutgruppe bekommen hatte; mein Sohn Rainer überlebte, ist heute sechzehn und ein Riesenkerl. Ich hatte ja auch unbedingt nach den beiden Töchtern einen Sohn haben wollen. Mit all diesen Gedanken hatte die kleine Rebecca keinen Schutz mehr; ich bekam später große Schuldgefühle, so als hätte ich mit den Gedankenkräften das kleine Bündel Leben gleich wieder aus dieser Welt gestoßen.

1977, als ich schon sehr intensiv auf dem Weg der Hexenmagie war, gab es in Genf ein spezielles Abkommen zur Familienzusammenführung. Das rußlandabhängige Regime in Prag ließ sich aber nur so weit erweichen, dreihundert Kinder zu den

»kriminellen Emigranten«, wie wir offiziell bezeichnet wurden, in das westliche Ausland zu lassen. Hier dabeizusein, war im doppelten Sinne ein russisches Roulette. Ich betete viel zum Universum, mir zu helfen. Im Februar 1978 konnte ich meine zwei Mädchen endlich nach zehn Jahren wieder in meine Arme schließen.

7 Magie, Kirche und die große Energie

Als Hexe werde ich oft nach meinem Verhältnis zur Kirche gefragt. Auch wenn manchem von Ihnen die Überschrift zu diesem Kapitel verwirrend erscheinen mag: Genau beim Thema Energie liegt für mich der Schlüssel zum Verhältnis zwischen der Magie im Hexenglauben und der christlichen Kirche, vor allem der katholischen.

Hexen sind im christlichen Sinne Heiden; wir glauben an einen gehörnten Gott und an eine Göttin, die gemeinsam die Urenergie darstellen. Der Hexenglauben hat keine so strangulierend engen Vorschriften wie die christliche Kirche; jede Hexe kann ihren Gottglauben halten, wie sie will. Wie ich schon sagte, sehen die sehr emanzipierten, politisch bewegten Hexen die Große Göttin im Mittelpunkt, und das ist auch in Ordnung so. Uns Hexen ist es recht, die Schwerpunkte verschieden zu gestalten; das gehört unserer Ansicht nach zum nötigen Freiraum in diesem Leben, um die uns gestellten Aufgaben zu bewältigen.

Wichtig ist nur das große Prinzip. Dies sehen alle Hexen einheitlich: Unser Gottbegriff unterscheidet sich elementar von dem der Kirche in Rom. Wir haben das Göttliche nicht wie die Kirche aus unserem Erdenleben verbannt und die wahre Gottesnähe irgendwohin ins Jenseits geschoben. Wir sehen das Göttliche als die unendlich große Kraft, die alles umfaßt und alles durchdringt, die alles verbindet und schließlich alles versöhnt. So sind wir Menschen ebenso wie jedes Tier und jede Pflanze eine göttliche Ausdrucksform. Deshalb haben wir die Pflicht, den Tieren wie der gesamten Natur Liebe, Achtung und Ehrfurcht zu erweisen.

Als Hexe kann ich das nun schon seit Jahrhunderten wirksame Konzept der Kirche nicht verstehen, die Erde zu einem gott-losen Jammertal zu deklarieren. Damit wurde das Dasein auf der Erde nicht nur als unerfreulich erklärt – was ich auch nicht nachvollziehen kann, wenn Gott selbst diese herrliche Erde doch geschaffen hat –, sondern unser Leben auch auf erschreckende Art banalisiert und materialisiert. Das Ergebnis sehen wir heute: Die Macht des Geldes verlacht die Natur, brennt sie nieder, rodet sie, beutet sie aus, bis die ganze Erde blutet.

Hexenkraft pflegt die Natur, liebt sie, schwingt und singt mit ihr. Ich glaube fest, daß diese Kraft siegen wird und daß immer mehr Menschen, vor allem auch viel mehr Frauen, sich erheben und dem positiven, alles durchdringenden göttlichen Prinzip lustvoll folgen werden.

Mit der katholischen Kirche, das sage ich ganz offen, möchte ich wirklich nichts zu tun haben. Diese Kirche hat Hunderttausende von Frauen verbrennen lassen und verflucht unsere starke, positive Magie heute noch als bösen Okkultismus. Diese Kirche hat über Jahrhunderte nur die Bücher und die Lehren zugelassen, die ihr nützlich waren. Ich weiß, daß in den Bibliotheken des Vatikans wahre Schätze an alter magischer Literatur verbunkert sind, die man den Menschen über Jahrhunderte vorenthalten hat. Zuviel wahre Erkenntnisse hätten ihnen vielleicht die Augen über die Machtpraktiken der Kirche geöffnet, und vielleicht wären viele böse Entwicklungen anders gelaufen.

Heute wird offener gesprochen; auch ich als Hexe kann meine Meinung sagen und laufe nicht Gefahr, deshalb verbannt zu werden. Ich bin jedoch sicher, daß die Kirche auch heute noch uns Hexen vernichten will, weil wir gegen ihr Konzept leben und arbeiten. Ein Konzept, das sich um die wahnwitzig anwachsenden Probleme der Dritten Welt kaum kümmert und statt dessen den Bau eines pervers teuren katholischen Tempels in Afrika zuläßt. Da wird dann der Park täglich von einer ganzen Gärtnermannschaft mit Wasser gesprengt, während alle Schwarzen unter Wassermangel leiden. Pille und Kondome werden verboten, während Milliarden Menschen an Hunger und schon bald Millionen an Aids leiden. Von den Machern einer so zynischen Religionsphilosophie sollen wir Hexen uns kritisieren lassen?

Nein, wir wissen unseren Weg! Wir wollen nicht ins Dunkel, wir streben zum Licht. In den Ursprüngen, den Urtexten der Bibel in der Form der hebräischen Thora, kann ich persönlich viele Aussagen finden, die ich voll unterstütze. Da ist nicht die Rede vom Jammertal hier und dem Gott ganz weit weg, dort, im Jenseits. Da sind auch keine Wunder verzeichnet, sondern Geschichten aufgeschrieben, die für mich viel Realismus haben. So ist Jesus beispielsweise für mich ein ganz großer Magier, dessen Leben und Wirken freilich in den kirchlichen Übersetzungen und Überlieferungen verstümmelt und »politisch« angepaßt wurde. So wage ich zu vermuten, daß mein Hexenglauben der hebräischen Urreligion näher ist als vieles, was uns die Kirche heute erzählt. Beim jetzt amtierenden Papst habe ich nicht das Gefühl positiver Schwingungen.

Alle überlieferten magischen Schriften unterscheiden sich entscheidend von dem selbstherrlichen Denken der christlichen Kirche. Sie folgen durchweg den Naturgesetzen, bauen auf den Elementen Wasser, Feuer, Erde und Luft auf. Die Magie erkennt das Universum und darin die Mutter Erde, die mitten in diesem All schwebt und nur nach universalen Energien »funktionieren« kann. Die hochsensiblen Magier und Hexen – und nicht zuletzt manche Philosophen, die durchaus nicht nur logisch argumentierten, sondern meiner Ansicht nach viele magische, universale Erkenntnisse hatten – begriffen unsere Pflicht in diesem universalen Gesetz. Um diese Pflicht zum Leben nach den universalen, göttlichen Gesetzen oder auch Energien möglichst sinnvoll annehmen und umsetzen zu können, horchten sie intensiv auf alle Signale, um ihre diesen universalen Schwingungen angepaßten Methoden entwickeln zu können.

Das ist Magie. Der Prozeß begann lange, bevor wir moderne Kommunikationsapparate hatten. Die Menschen konnten nicht miteinander telefonieren oder faxen, sondern lebten abgeschlossen in ihren Kulturen. Und doch begannen schon in ganz früher Zeit identische magische Erkenntnisse in völlig verschiedenen Kulturen zu wachsen. In vielen Kulturen entwickelten Magier und Hexen aus universalen Erkenntnissen Zeichen, Formen,

Riten, die als exakte Widerspiegelung kosmischer Energieströme hochwirksam waren – und bis heute sind.

Gerade wegen der Nichtbeachtung kosmischer Ströme wirken übrigens Rituale oder Amulette oft überhaupt nicht. Man stelle sich beispielsweise das Amulett als ein wunderbares Instrument von großer Kraftentfaltung vor, ein Empfänger und Verstärker großer Energien, der aber natürlich den richtigen »Stromanschluß« braucht. Wird das Ritual zum falschen Zeitpunkt oder in der falschen Weise durchgeführt, das Amulett ohne die nötige Konzentration und rituelle Vorbereitung, ohne Beachtung der Planetenstellungen in irgendeiner Fabrik massenweise hergestellt, fehlt der »Strom«. Konkret ist dann das Energieband vom großen Kosmos bis zu unseren mikrokosmisch kleinen Wünschen und Zielen gestört oder ganz zerrissen – das Amulett ist nutzlos, bisweilen sogar schädlich.

Das ist meine Gläubigkeit als Hexe: In meinem Bemühen, dieses Energieband so intensiv zu halten wie nur möglich, kann ich selbst etwas dazutun, um dem göttlichen Prinzip näher zu sein. Ich werde nicht wie der arme Katholik überwacht von einem ständig mit Strafe drohenden und eifersüchtigen Gott, den die Kirchenmänner so eifrig konstruiert haben, ich muß nicht wie ein Kind böser Eltern in der ständigen Angst leben, bloß nichts falsch zu machen. Vielmehr bin ich in einem göttlichen Prinzip, das nicht moralisch nach gut und böse urteilt, sondern das mir die Erkenntnis gibt, daß ich mich doch selbst strafen würde, wenn ich nicht nach den Urenergien leben würde.

Ich liebe die alten Lehren der Indianer. Auch diese sagen, wir – die Christen – hätten einen falschen Gottesbegriff: Gott nicht wirklich erkannt, sondern uns einen gemacht. Für die Indianer dagegen ist *alles* Gott – jeder Stern, jeder Stein, jedes Tier und alle Kräuter. Alle Magier, ob bei Indianern oder im indischen Ayurveda, suchten deshalb zum Beispiel ganz selbstverständlich in den Steinen und Kräutern nach heilenden Kräften. Und fanden sie im Überfluß.

Ich kann auch zu ganz anderen Wissenden schauen, um zu erfahren, daß meine Hexenauffassung über die alles durchdringende kosmische Energie richtig ist. Aristoteles erkannte, daß hinter den unzähligen Kräften der Natur ein einheitliches, großes Prinzip steht, das er den »unbewegten Beweger« nannte. Die vielen Götter, die es bis dahin in anderen Kulturen gab, sah er nur noch als eine Ausformung des großen Prinzips an. Wie eben alles auf der Welt nur eine Ausformung des »unbewegten Bewegers« war – ist.

Auch der große Philosoph Platon hatte Erkenntnisse, die nach meinem Verständnis voll mit magischem Wissen konform gehen. Er war der Kritiker des rein materialistischen Denkens und schuf als Gegenentwurf den Idealismus. Besonders interessant finde ich hier, daß Platon alles Wirkliche nur als eine Idee des Geistes ansah; der Mensch nimmt demnach nur die *Erscheinungen* der Dinge wahr. Was ist das anderes als die Erkenntnis, daß es eine universale, nie versiegende Energie gibt, die sich auf vielfältigste und polare Weise auf dieser Erde materialisiert – oder, als Mensch, inkarniert? Wenn ich abseits aller speziellen esoterischen und magischen Bücher in die Schriften der großen Weisen schaue, muß ich sagen, daß ich mich als Hexe mit meiner Auffassung von Magie, der Welt und dem Göttlichen äußerst wohl fühle und sehr sicher bin, daß im Gegensatz dazu einige große Strömungen auf der Erde leider falsch liegen, also gegen die kosmische Strömung laufen.

Ich meine, daß daran vor allem Männer einen großen Anteil haben. Männer besitzen ein unglaublich perfektes technischlogisches Denken und haben damit seit den Ursprüngen der Menschheit ganz erstaunliche Apparate erdacht, für welche Nutzung auch immer. Sie erfanden die Steinschleuder, das Schwarzpulver, die Glühbirne, das Röntgengerät, das Auto, den Computer. Der Nachteil ist, daß allzu viele Männer nicht die Feinfühligkeit eines Platon oder Aristoteles haben, sondern ihr Techno-Denken in jeden anderen Bereich projizieren, ob es global um den Sinn des Seins oder um ihre Beziehung zur Partnerin geht. Sie glauben einfach, auch diese Bereiche könne »mann« mit dem Schraubenschlüssel einer materiell orientierten Sachlichkeit wie ein Auto zerlegen.

Darunter leiden so viele Frauen! Nicht wenige kommen mit diesem uralten Problem zu mir, daß ihre Männer keine echten Zusammenhänge begreifen wollen, sondern im Gegenteil ihre Partnerschaft ebenso wie das Programm ihres Computers oder den Bauplan für ein Gartenhäuschen sezieren: Eine Schublade für Sexualität, eine für Spaß, eine für die Organisation des Alltags, und schon soll alles wie ein Motor funktionieren. Feine Verwobenheiten, Gefühle, das Erspüren von Zusammenhängen passen nicht in dieses Konzept.

Die katholische Kirche, ausschließlich von Männern geformt, hat das ähnlich gemacht. Sie hat das Universum zerlegt wie ein Auto: hier der Motor, dort das Chassis. Hier Gott, dort die Welt; beides völlig getrennt, der eine hat das andere erschaffen. Mir klingt noch die Weihnachtsansprache 1990 von Bischof Lehmann in den Ohren, der so nett sagte: »Gott sagt ›ja‹ zur Welt.« Natürlich sagt Gott ja zur Welt, aber nicht als Außenstehender, sondern weil das Göttliche – auch – Welt *ist*.

Selbstverständlich ist nicht alles an der Kirche Roms schlecht. Es wurde schließlich eine ganze Menge alten magischen Wissens übernommen. Die Frage ist nur, zu welchen Mitteln man es benutzt hat! Für mich als Hexe stellt sich dabei die wichtige Frage, warum die Kirche alle Magie mit markerschütternden Worten verdammt und dabei in ihren Hauptfeiertagen heidnische und keltische Rituale und Brauchtümer wiederaufleben läßt.

Die alten Kulturen Persiens und Ägyptens hatten bekanntlich keinerlei Berührungsängste vor magischen Erkenntnissen. Von ihnen wurde – unter vielen anderen Einflüssen – das frühe Christentum stark beeinflußt. Genauer gesagt, vom persischen Mithras- und vom ägyptischen Isiskult. Mithras war ein indo-iranischer Lichtgott, der Hüter der kosmischen Ordnung; er beeinflußte die damalige Welt bis hinein ins Römische Reich.

Isis war eine altägyptische Göttin, Schwester und Gattin des Königsgottes Osiris, und wurde zu einer Art Universalgöttin mit starkem Einfluß, der auch im hellenistischen und im Römischen Reich fußte. Bei der christlichen Überlieferung von Jesus und

Maria sind viele Parallelen zu diesen beiden Gottheiten zu finden. Auch Mithras vermittelte zwischen seinem Vater, dem Lichtgott Ahura Mazda, und den Gläubigen und forderte auf, gegen den Fürsten der Finsternis zu kämpfen, der damals nicht Teufel, sondern Ahriman hieß. Ehelose Priester zelebrierten den Mithraskult, es gab geweihtes Brot und Glockengeläut bei den Zeremonien, und der siebte Wochentag war dem Lichtgott geweiht, also ein Sonn-Tag. Isis war als Göttin vor allem die Trösterin der Frauen und hatte als Sohn den Horusknaben, sie wurde als Gottesmutter und Himmelskönigin angesehen.

Die meisten christlichen Rituale haben »heidnische« Ursprünge: Wie die Osterfeier zu Jesu Auferstehung zelebriert wird, feierten einst die Syrer jeden Frühling die Wiederauferstehung des Gottes Tammuz. Und Attis, Geliebter der kleinasiatischen Fruchtbarkeitsgöttin Kybele, fuhr nach damaligem Glauben lange vor Jesus gen Himmel.

So ist die Gottesauffassung von uns Hexen und Magiern meiner Ansicht nach die freieste und ehrlichste überhaupt. Wir werden nicht abhängig gemacht von dem, was Menschen im Sinne ihrer eigenen Machtentfaltung vorgegeben haben. Wir sind von diesen Menschen ganz unabhängig und haben den Kontakt zu dem, was wirklich ist, zu dem, was uns geschaffen hat, und was uns leitet. Unser Gott, die große, universale Urenergie, ist niemals vom Menschen formbar. Aber wir als Menschen bekommen die Möglichkeit, uns freudvoll weiterzuentwickeln, indem wir sinnvoll mit dieser Energie mitschwingen. Diese Möglichkeit nutze ich als Hexe – denn sie ist in meinen Augen die wirkliche göttliche Gnade.

Die Gottesauffassung der Magie ist klar, hell und natürlich. Die Materialisation des Göttlichen auf der Erde dient dem oft noch unentwickelten Menschen als Möglichkeit zur Weiterentwicklung. Weiterentwicklung heißt, den richtigen Weg zu gehen. Darum haben wir auf der Erde immer zwei Wege, zwei Pole, zwei Möglichkeiten. Das gilt selbstverständlich auch für eine Hexe. Wir Hexen sind ja keine übermenschlichen Wesen, sondern werden unter denselben Bedingungen wie alle anderen in diesen Teil des Kosmos gestellt. Auch wir bekommen, ausgestattet mit eigener Denk- und Entscheidungsfähigkeit und dem Wissen über die Endlichkeit des irdischen Lebens, die Chance zur Weiterentwicklung unter den Bedingungen der Polarität: heiß und kalt, unten und oben, hell und dunkel, Weiße und Schwarze Magie – mit dem Kosmos oder gegen den Kosmos.

Der Kosmos ist geduldig und das irdische Leben ohnehin nicht einmal ein Millimeter auf einem Weg von Milliarden Kilometern: Ich bin sicher, daß wir als Unwissende manchmal auch eine Zeitlang den falschen Weg gehen können, und daß uns die Möglichkeit der Korrektur gegeben ist. Wenn wir aber zu lange den falschen Weg beschreiten, verlassen wir den stärkenden Bereich der kosmischen Energie, und es geht uns schlecht. Darum geht es manchmal ganzen Völkern oder einzelnen Menschen oder auch einer Hexe schlecht, die ausschließlich Schwarze Magie betreibt. Darum richtet sich auch die von uns Menschen malträtierte Natur gegen uns. Ich betone nochmals, daß das mit einer moralischen Wertung nichts zu tun hat, sondern einfach eine Folge ist. Alle Verdrängungen sind nutzlos: Uns bestraft nie ein anderer, das besorgen wir selbst. Weil alles *in* uns liegt, tun wir uns alles auch selbst an – das Schöne wie das Furchtbare. Das ist für mich die elementarste Aussage, die ich meinen Klienten immer wieder klarzumachen versuche. Nur so finden sie zu einer kraftvollen Selbständigkeit bei gleichzeitig höchster Empfindsamkeit.

Denn wenn wir versuchen, *mit* und nicht gegen die Schwingungen der kosmischen Energie zu arbeiten, wächst unsere Kraft. Je mehr wir uns mit den Mitteln der Magie an diese Energie anklinken, desto mehr Kräfte stehen uns zur Verfügung.

8 Energieankopplung – das ist unsere Kraft

Natürliche Energie gibt es überall. Springfluten sind jedem von uns ein Begriff; daß viele Menschen bei Vollmond nicht schlafen können, ist bekannt. Die intensive Wirkung unterirdischer Wasseradern, die unter Umständen sogar Krankheiten wie Krebs auslösen können, wird allmählich als Erkenntnis akzeptiert. Alles andere, von unseren Geräten (noch) nicht Meßbare beruht auf ähnlich starken Energien. Es gibt Menschen, die in ihrem Kopf Radiosender empfangen; hochsensible Rutengänger – die Rute ist dabei nur eine Art Antenne, der sensible Strahlungsempfänger ist der Mensch selbst – spüren Wasseradern und Ölquellen auf, die kein Apparat finden kann. Die Energie aus dem Kosmos ist da, sie kann gewaltig wirken; auch wenn es uns bisweilen scheinen mag, als habe sie ihre Kraft verloren, wirkt sie dennoch weiter, sie verändert nur ihre Form.

So unterscheidet sie sich von der doch eingeschränkten materiellen Energie, die wir Menschen voller Stolz und mit erschreckendem Aufwand erzeugen. Um die Kraft von ein paar Blitzen zu erlangen, vernichten wir wertvolle Rohstoffe, verschmutzen die Luft, gefährden die Umwelt und haben als Resultat dann eine in vielen oft überflüssigen Stromfressern schnell verbrauchte Energie. Selbstverständlich bleibt auch diese Energie erhalten, weil Energie nie verlorengeht – nur für den Menschen ist sie nicht nutzbar, weil er sie auf eine Weise gerufen hat, die andere Energieflüsse schädigt. Alle Versuche von – meist männlichen – Menschen, ein Perpetuum mobile zu konstruieren, verliefen deshalb glücklos. Sie haben nie erkannt, daß der Kosmos selbst das Perpetuum mobile ist und wir uns mit ihm beschäftigen müssen, anstatt machtbesessen an komplizierten Apparaturen herumzubasteln.

Ähnlich verbrauchen im Raubbausystem viele von uns ihre körpereigenen Energien. Kreislaufprobleme, Abgeschlagenheit, Herzinfarkte sind die Schlagwörter im heutigen Krankheitswesen. Ich sehe das so: Wir tragen Batterien in uns und haben vergessen, wie man sie lädt. Wer aber von uns sich wieder darauf besinnt und seine Energien richtig einsetzt, hat immer volle Batterien und ein erfülltes Seelenleben.

Es müssen nicht immer gleich die großen Rituale sein, um diese Batterien wiederaufzuladen. Sicher, große Rituale wie die zu den Planeten (vgl. dazu auch S. 108) geben besonders viel Kraft. Aber jeder kann sich die Kraft täglich holen. Wir müssen dazu nur bewußt mit unserem kosmischen Denken im Alltag leben.

Zwei Beispiele dazu: Bei jedem Spaziergang schaue ich bewußt die Bäume an, unsere großen Antennen, welche die kosmische Kraft anziehen. Bei einem Baum, der mich besonders anspricht, bleibe ich stehen, umarme ihn, konzentriere mich meditierend auf seine Fähigkeit, universale Kraft zu empfangen. Manchmal setze ich mich an den Stamm gelehnt auf den Boden und lege die Hände mit den Handinnenflächen auf meine Schenkel, öffne mich damit ganz nach oben, ganz nach außen. Ich spüre dabei, wie mein ganzer Körper sich wieder mit Energie auflädt.

Auch wenn ich irgendwo sitze und nichts zu tun habe, es kann der banalste Bundesbahn-Wartesaal sein, kann ich mich aufladen. Ich sitze ganz aufrecht, um den wichtigsten Energiekanal, das Rückgrat, nicht abzuknicken. Dann konzentriere ich mich meditativ auf den Kosmos, auf seine sich nie erschöpfenden Kräfte, von denen er mir gibt, wenn ich mich auf ihn einschwinge. Ich stelle mir dabei vor, daß etwa fünf Meter über meinem Kopf ein Ableger der Sonne steht, so hell wie sie, nur eben kleiner. Und über diese Sonne fließt von oben Kraft, neue Energie in mich, in mein Kronenchakra hinein; gleichzeitig fließen alle negativen Kräfte nach unten ab. Wer diesen Reinigungs- und Aufladungsprozeß mental gut beherrscht, wird schnell fühlen, wie stark er mit der mentalen Kraft tatsächlich die Energien zum Fließen bringen kann: Es geht immer um die Einstimmung auf die natürliche Schwingung, dann können wir die großen Kräfte »anzapfen«.

Mein Leben mit der Hexenmagie hat dazu geführt, daß ich mit den großen Kräften in ständigem Kontakt bin. So kommt es, daß ich immer die Kraft für meine Beratungen, meine Prognosen und zunehmend auch für meine Arbeit als Heilerin habe. Und nur so bin ich fähig, stark und positiv den vielen negativen Energien entgegenzutreten, denen ich tagtäglich begegne – denn sehr viele von den Klienten, die mich besuchen, haben schwere Probleme.

Andererseits verursachen mir diese großen, starken Energien, die zu mir kommen, gelegentlich auch mehr als ein Problem: Ich bin eine Vollblutfrau, besitze also ein intensives emotionales Leben. Trotz aller geistiger Führung kann es da bei emotionalen Bewegungen in mir auch Energieschübe geben, die meine Energien unkontrolliert freiwerden lassen – und sogar einigen Unsinn anrichten, man denke nur an das anfänglich geschilderte Erlebnis im Fernsehstudio!

Ich habe mir selbst bei solchen »fehlgeleiteten Schüben« in den letzten vier Jahren allein drei Spülmaschinen kaputtgemacht. Jedesmal war es so, daß ich mich sehr geärgert hatte und die Wut geballte Energien freisetzte, die dann die gesamte Elektrik der Maschinen zerstörten. Vor allem Elektrik und Elektronik von Geräten sind sehr anfällig für diese Energien.

Bekannte von mir führen einen schönen Imbißstand in der Münchner Großmarkthalle. Als ich dort vor einigen Jahren aus Freundschaft zwei Tage ausgeholfen habe, rief am Vormittag mein Sohn gleich dreimal an, weil er krank war und sich schlecht fühlte. Der Mann meiner Freundin reagierte genervt und raunzte, beim nächsten Anruf werde er meinem Sohn sagen, ich sei nicht da. Das hätte er nicht sagen sollen, denn als Mutter stehe ich hundertprozentig zu meinen Kindern! In mir schwoll eine gehörige Aggression an. Die unangenehmen Folgen: Seine Kühlschränke und seine Kühlvitrine gingen kaputt. Ein paar Meter weiter war ein öffentliches Telefonhäuschen, und das funktionierte ebenfalls nicht mehr. Die Post stellte zwei Tage später fest, daß sämtliche Zuleitungsdrähte miteinander verschmolzen waren.

Mir ist es richtiggehend peinlich, daß ich in solchen Fällen meine Energien nicht vollkommen beherrschen kann. Ich schade mir selbst ja damit auch. Da gibt es auch keinerlei Entfernungsgrenzen. Als mein Lebensgefährte mit einem Freund vier Monate durch die USA fahren wollte, war mir das gar nicht recht. Ich wünschte nach ein paar Wochen ganz egoistisch, daß er zurückkommt, und dieser Gedanke beherrschte mich intensiv. So sehr, daß er drüben in den USA ganz plötzlich permanente Schäden an seinem Auto hatte. Tagtäglich habe ich diesen Wagen ruiniert, zweimal innerhalb von zwei Wochen funktionierte sein Motor nicht mehr, bis es so teuer wurde, daß er zurück mußte. Ich hatte mein Ziel erreicht – aber in Ordnung war das natürlich nicht. Ich übe mich derzeit aktiv darin, diese überstarken Energien zu beherrschen.

Wie ich es empfinde, läuft all diese Energie über mein Sexualchakra. Die Energie aus dem Sexualchakra scheint bei Hexen und Magiern besonders intensiv zu sein, wenn sie in sehr großem Maße vorhanden ist.

Jeder von uns kann lernen, diese Ankopplung an kosmische Energien zu erreichen; gute Hilfsmittel dazu sind unter anderem die vorher beschriebenen Übungen oder kleine Rituale, die bei häufiger Wiederholung und richtiger Einstellung Wirkung zeigen (vgl. dazu auch S. 82 f.). Dennoch bin ich überzeugt, daß mediale Veranlagungen auch vererbt werden; in diesen Fällen kann sich die Wirkung potenzieren.

Ich bin mir sicher, die Probleme mit dem schwer steuerbaren Energieüberpotential von meinem Vater geerbt zu haben. Obwohl er stets als »richtiger Mann« alles Esoterische in Bausch und Bogen abgelehnt hat, ist er doch in Wahrheit ein hochsensitiver Esoteriker.

Vierzig Kilometer von Prag entfernt liegt unsere Familiengruft; zur Zeit des kommunistischen Regimes passierte es häufig, daß fremde Personen in Familiengrüften bestattet wurden, weil auf Friedhöfen, so seltsam das klingt, Platzmangel herrschte.

Eine Tante, die im Streit mit meinem Vater lag, hatte eigenmächtig der Bestattung der Schwester eines katholischen Pfarrers in unserer Gruft zugestimmt. Mein Vater war mehr als ärgerlich, als er in der Gruft plötzlich auf einer neuen Platte das – wie er sagte – »froschgesichtige Bild einer wildfremden Frau« sah. Drei Nächte konnte er vor Wut nicht schlafen, weil er immer wieder das Bild dieser Grabplatte vor Augen hatte. Sie bekam in dieser Zeit einen riesigen Sprung, wie der Friedhofsverwalter später erklärte; dann, nach dem dritten Tag, fiel sie herunter und zerbrach, ohne daß sie jemand berührt hätte.

Wir kennen viele Vorfälle solcher überstarken Energien in unserer Familie. Meinem Vater zersplitterte eines Tages sein schönster Weinkelch aus Bleikristall, als exakt zur selben Zeit seine Mutter intensiv an ihn dachte und wünschte, ihr Sohn könne sie endlich wieder einmal besuchen. Ich glaube auch, hier liegt der Schlüssel zu den häufigen Spukerlebnissen in meinem Elternhaus: Nichtstoffliche Wesen hängen sich bevorzugt an Menschen mit ganz besonders starken Energien, weil sie da am leichtesten partizipieren können.

Jeder kann selbst einmal den Versuch unternehmen, solche Wesen sichtbar zu machen. Es geht aber nur, wenn man wirklich das Gefühl hat, so ein Geistwesen sei einem gerade sehr nahe. (Mit dem Rufen der Geister sollte man, wie ich schon an anderer Stelle sagte, sehr, sehr zurückhaltend sein, da kann vieles schiefgehen!) Wie fühlt man das? Schwer zu sagen, es gibt hier keine klare »Methode«. Voraussetzung ist, daß bereits Wissen um Zusammenhänge und eine Sensitivierung durch entsprechende Beschäftigung mit spirituellen Praktiken, mit einfachen Übungen bis hin zu großen Ritualen vorliegt. Wir müssen wie auch beim Pendeln sehr genau unterscheiden lernen, wann uns die Körpersinne narren, wann wir also nur scheinbar das Gefühl von der Anwesenheit von Geistwesen haben – in Wahrheit aber nur unter Einbildung des Phänomens stehen –, und wann tatsächlich so ein Wesen anwesend ist. Wenn Geistwesen da sind, können Materialisationen stattfinden, daß Klopfgeräusche zu hören sind, oder sich Gegenstände bewegen. Das ist jedoch sehr selten der Fall! Oft ist freilich ein penetrantes Gefühl zu spüren, daß man angestarrt wird. Bei steigender Sensitivität ist dies relativ leicht von der bloßen Einbildung, man habe grade etwas gehört oder gespürt, zu unterscheiden.

In dem Fall, in dem man die Nähe eines Geistwesens spürt, sollte man sich einfach darauf konzentrieren und mit einer Kamera, die ganz einfach sein kann, ins Zimmer hineinfotografieren. Es kann sein, daß Sie auf den Abzügen der Bilder erstaunliche Gebilde entdecken. In dem Fall hat das Fotopapier auf die hauchfeine Energiestrahlung dieser Wesen reagiert. Es klappt nicht immer, aber wir haben verschiedentlich schon sehr klare Bilder erhalten.

9 Rituale – das Hexenkraftwerk

Ein guter Weg, aus der engen Begrenzung des Alltagslebens herauszukommen, ist das Ritual. Das Hexenleben ist stark von Ritualen bestimmt, bis hin zu den ganz großen Ritualen, die wir zelebrieren, wenn ich mich mit den Mitgliedern meiner Loge zu besonderen Sitzungen treffe.

Ich gehöre einer Loge in der Nähe von Augsburg an, die sich vorwiegend weißmagisch begreift. Sie ist Teil einer großen Loge in England, die der Golden-Dawn-Richtung angehört, einem 1888 in England gegründeten magischen Orden, dem zehn Jahre später auch der 1947 gestorbene legendäre Magier Aleister Crowley beigetreten ist. Crowleys Maxime war: »Tue was du willst, soll das ganze Gesetz sein.« Mit diesem Satz ist er gründlich mißverstanden worden. Er wollte nicht schrankenlose Willkür, nicht die totale Anarchie zu Lasten anderer Menschen propagieren, sondern meinte vielmehr, das Ich sei ohnehin dem Ganzen, dem großen Geschehen ausgeliefert. Ich sehe darin ein Ganzheitsdenken und seine Weisheit, demütig die Gesetze des Ganzen, des Großen anzuerkennen – und im Rahmen dessen darf man dann auch selbst sehr viel tun.

In meiner Loge wird in einigen sehr wirkungsvollen Ritualen ja auch sehr viel im Erkennen der kosmischen Gesetze vollbracht und mit diesen intensiv gearbeitet. Die Institution einer Loge selbst ist schon eine elementare Ritualisierung in der Magie mit dem Ziel einer besonders wirksamen Gleichschaltung der höheren Energien.

Mehr kann ich über meine Loge nicht sagen, vor allem nicht ihren Namen preisgeben. Das ist streng verboten und würde mich in große Gefahr bringen. Geheimhaltung ist das oberste Gesetz solcher Logen.

Mit Ritualen aber kann jeder arbeiten, fernab aller Logen. Schließlich ist es heutzutage typisch für viele Hexen, allein zu wirken, und ich tue dies auch immer häufiger. Manchmal arbeite ich mit einem befreundeten Magier zusammen. Aber sehr oft vollziehe ich meine Rituale, auch die großen, ganz allein. Wichtig ist dabei nur, daß man auch dabei nicht schlampig wird und auf alles achtet, angefangen von einer fast zeremoniellen Reinigung des eigenen Körpers bis hin zur richtigen Planetenkonstellation.

Unwissende mißverstehen häufig den Begriff »Ritual« und glauben, es sei etwas wie eine immer wieder ausgeübte Gewohnheit. Das ist falsch. Gewohnheiten absolviert man in oberflächlicher Weise; sie sind das immer Wiederkehrende, Handlungen, denen man kaum noch Beachtung schenkt.

Ganz anders das Ritual. Es wird zelebriert. Es erhöht einfache Handlungen, gibt ihnen einen besonderen Sinn: Der banale Vorgang wird zum besonderen Ereignis. Im Ritual betreiben wir Meditation – wir richten unsere Sinne ausschließlich auf die jetzige rituelle Handlung. Andere störende Gedanken und Einflüsse werden ausgeschaltet, und wir fokussieren damit unsere Energie in eine bestimmte Richtung: auf das, was wir mit dem Ritual erreichen wollen. Der Ablauf des Rituals hilft uns dabei. Er ist aber nicht nur eine Art Konzentrationshelfer für unsere innere Energie. Die Abläufe von Ritualen sind meist über lange Zeit, oft über Jahrhunderte, erprobte Vorgänge. Es gibt hier ganz einfach bessere und schlechtere Techniken. Und mit den guten Techniken potenziert sich unsere innere Energie, weil sie sich mit den hohen, äußeren Energien gleichschaltet. So löst sich die eigene Energie vom einfachen materiell-irdischen Bereich und besitzt in dieser an kosmische Energien angekoppelten Form durch das Ritual eine ganz enorme Kraft, die auf ein Ziel gerichtet ist.

Dies gilt gleichsam für die Weiße, als auch für die Schwarze Magie. Hier bereits einige Worte zur Schwarzen Magie: Sie übt auf viele Menschen eine ganz enorme Anziehungskraft aus. Es gibt in Europa mittlerweile eine ganze Menge (tiefschwarzer)

Logen, deren Mitglieder auch auf die Gefahr, sich als Menschen irgendwann einmal selbst zu zerstören – was jedem bei intensiver Ausübung Schwarzer Magie droht –, ganz entsetzliche Rituale treiben. Tieropfer sind meistens dabei; neulich wurde mir von einem schwarzmagischen Ritual in diesen Kreisen berichtet, das ein Flugzeug zum Absturz bringen sollte.

Um das unmißverständlich klarzustellen: Ich lehne Schwarze Magie vollkommen ab, weil sie immer zerstört. Dennoch aber müssen wir über Schwarze Magie reden und uns ihrer Macht bewußt sein, um zu begreifen, daß auch in der Magie die generellen Gesetze der Polarität gelten – wo Gut, da auch Böse, kein Hell ohne Dunkel, kein Groß ohne Klein. Keine materielle Welt ohne die immaterielle. Und keine Weiße Magie ohne ihre dunkle Schwester.

Ich sage auch ganz offen, daß schwarzmagische Rituale sehr viel schneller und intensiver wirksam sind als weißmagische. Gerade das reizt viele in Magie völlig unerfahrene Menschen, in diesem Bereich herumzuprobieren. Das sind gefährliche Spiele!

Vergleichen wir das einfach mal mit der Beschaffung von Geld: Die gute Weise, zu Geld zu kommen, ist langwierig und anstrengend – man muß nämlich arbeiten und bekommt allgemein nicht allzuviel dafür. Die böse Weise, Geld zu beschaffen, ist die kriminelle; sie funktioniert per Mord oder Banküberfall oft schnell und ertragreich. Aber sie kann bekanntlich auch schiefgehen, ewige Schuldgefühle, lange Gefängnisstrafen oder den eigenen Tod bringen. Ähnlich verhält sich das mit Weißer und Schwarzer Magie. Wer mit Schwarzer Magie anderen Menschen schaden will, begibt sich in ein dunkles Labyrinth mit vielen Gängen und Fallgruben, bewohnt von ungebändigten schwarzen Kräften.

Wir können es uns bildlich vielleicht auch so vorstellen: Ein schwarzmagisches Ritual ist wie das Anknipsen einer Lampe, deren gebündelter Strahl wie ein Laserlicht in den dunklen Kosmos strahlt. Der Magier und die Hexe verfügen beide über das Wissen, den Strahl in eine bestimmte Richtung zu lenken. Bei Unerfahrenen jedoch funktioniert das vielleicht insoweit, als daß auch sie solch einen Strahl erzeugen können, denn Rituale sind sehr mächtig. Aber dieser Strahl irrt irgendwohin ins Dunkel und kann unversehens auf niedere, böse Energien treffen, die den Strahl als Luke zur Welt nehmen und an ihm entlanggleiten – geradewegs zu dem Menschen, der diesen Strahl auf schwarzmagischem Weg erzeugt hat. Und plötzlich wird ein bis dahin »normaler« Mensch »verrückt«. Es handelt sich hier tatsächlich um eine Form der Besessenheit, und es ist ungeheuer schwierig, diese niederen Energien wieder erfolgreich wegzuschicken.

Selbst für magisch versierte Menschen wie Magier und Hexen kann Schwarze Magie gefährlich werden. Das Böse, das man hier aussendet, kann zurückkommen. Positive Energien potenzieren sich in mir selbst, wenn ich richtig vorgehe. In der Schwarzen Magie muß ich sehr viel Energie aufbringen und sozusagen mit auf die Reise schicken, die mir später dann fehlt. So schwächt Schwarze Magie und macht auch verwundbar. Die Energie mancher ausschließlich »Schwarzer« Magier und Hexen kann zusammenfallen wie ein angestochener Luftballon. Das weißmagische Ritual aber stärkt unsere inneren Kräfte enorm.

10 Den Alltag auf Rituale einstimmen

Kleine Alltagsrituale, wie die dieses Kapitels, können Sie jetzt gleich zelebrieren – aber bitte nicht unter dem zwanghaften Gedanken, es müsse unmittelbar funktionieren! Die großen Energien fließen seit Jahrmillionen ihren eigenen Fluß und lassen sich nicht auf Anhieb von einem gänzlich Unerfahrenen zwingen. Aber wenn wir uns als mikrokleines Teil auf den gewaltigen Kosmos einstellen, dann wirkt das Ritual.

Das erreichen wir vor allem durch Übung, wir können auch ruhig sagen: durch experimentieren. Auch wenn es anfangs eine Zeit nicht klappt, sollten Sie nicht resignieren oder ärgerlich sein, weil dann erst recht Energien in Ihnen hochsteigen könnten, die einem schönen, wirksamen Ritual voll entgegenstehen. Wenn früher Rituale bei mir nicht die gewünschte Wirkung zeigten, habe ich mir statt dessen in Ruhe überlegt, was ich besser machen kann.

Hier ein paar grundsätzliche Tips, die zu einer optimalen Grundeinstellung für den Kontakt mit der »anderen Welt« führen. Wer sie ernsthaft befolgt, dazu die Rituale richtig ausführt und dann noch die Techniken der Imagination, des Visualisierens, geduldig übt, wird mit Sicherheit später nicht nur einen einzigen Blick in die geistigen Bereiche des Kosmos erhalten. Er wird vielmehr in permanenter Verbindung mit ihnen leben und dadurch in ganz neue Dimensionen des Daseins vordringen. Er wird die Energien spüren, den eigenen Auraschutz, wird mit Energien aktiv umgehen, auch spüren, wenn schlechte Energien an ihm abprallen; wird schließlich zur Hexe, zum Magier.

Die Grundregel: bewußter leben! Ein lapidarer Satz mit großen Folgen. Denn bewußter leben heißt, seinen eigenen Weg selbständig zu finden und auf ihm zu bleiben. Wir müssen also erst einmal wissen, *was* wir wollen. Wenn Sie dieses Buch lesen, kann ich davon ausgehen, daß Sie darüber schon nachgedacht haben. Dabei wird Ihnen wahrscheinlich auch klar, wie vielen Ablenkungen sie gerne erliegen, weil der selbständige Weg so mühsam ist.

Wir müssen also viele Ablenkungen einschränken. Ich sage *einschränken*, weil ich nicht möchte, daß jeder sie aufgibt. Hexen leben frei und lustvoll, und es soll keine schematischen Einschränkungen geben wie in so vielen anderen Institutionen und Glaubensrichtungen. Frei und lustvoll – bis an die Grenze, an der wir uns selbst, anderen Menschen oder der Natur und damit dem Göttlichen schaden.

Essen Sie mit Freude. Aber überdenken Sie dennoch Ihre Eßgewohnheiten. Der Mensch ist, was er ißt, heißt es zu recht, und zuviel Übertreibung ist hier dann keine genießerische Freude mehr, sondern Abhängigkeit, Sucht. Diese Bemerkungen machen in einem Hexenbuch durchaus Sinn: Das Essen bestimmt nicht nur die Körperform und -haltung, sondern auch die Geisteshaltung. Falsches Essen führt in beiden Bereichen zu großen Energieverlusten. Aber für Rituale benötigen Sie hochkonzentrierte Energie. Ausgewogenes Essen, Einschränkungen oder gar Verzicht beim Fleisch, möglichst frische Nahrung mit all ihren natürlichen Energien helfen, die Konzentration, Harmonie und innere Ruhe zu finden, die der Weißen Magie zuträglich sind.

Werden Sie sich auch täglich Ihrer psychischen Situation bewußt. Wenn Sie »nicht gut drauf«, verärgert oder depressiv sind, überlegen Sie sich, daß Sie Ihren Alltagsärger durch diesen negativen Energieaufwand – Ärger über den Ärger – nur noch verschlimmern! Und daß in solchen Verfassungen auch nicht einmal ein kleines Ritual erfolgreich durchgeführt werden kann. Ich beschreibe im Kapitel über den Alphazustand, wie jeder in der Tiefenentspannung mit Hilfe der Selbstvisualisierung als Imaginationstechnik leicht Stolpersteine in der eigenen Psyche aus dem Weg räumen kann (vgl. dazu auch S. 127). Aber auch ohne diese Techniken kann sich jeder bewußt werden, daß häufige negative Einstellungen nichts bringen und geistig-seelische Entwicklungen sogar blockieren.

Diese Bewußtwerdung gelingt mit einem kleinen Kniff viel leichter: Machen Sie Ihren ganzen Alltag zum Ritual, dann werden Sie staunen, wie schnell die eigentlichen Hexenrituale wirken! Kaufen Sie sich ein schönes Notizbuch, ein tolles Buch, in Leder gebunden, ein japanisches mit besonderen Blättern oder ein ganz banales Ringbuch – ganz wie Sie wollen. Die Hauptsache, es entspricht Ihrer Struktur, und Sie selbst finden es schön, bekommen bald eine Beziehung dazu. Denn dies ist *Ihr* persönliches magisches Buch.

Dieses magische Buch soll der materialisierte Niederschlag Ihrer geistigen Entwicklung werden. Notieren Sie alles darin: alle Rituale, mit Datum, Stichwörtern zur Ausführung, Ihren Gedanken und Problemen dabei und dem jeweiligen Ergebnis. Genauso geduldig sollten Sie in einer anderen Rubrik Ihres magischen Buches Ihre Träume aufzeichnen. Schreiben Sie jeden noch so scheinbar unwichtigen Traum auf, denn der Sinn Ihrer Träume wird sich Ihnen erst später erschließen! Wenn Sie auf dem Weg Ihrer Entwicklung über den Hexenkult alle Träume über längere Zeit festhalten, werden Sie Veränderungen feststellen: Sie träumen klarer, bewußter. Wenn Sie tagsüber meditativer werden, näher an die Quellen der natürlichen Energie rücken, erhalten Sie in Ihren Träumen eine Art Rückkopplung. Sie werden merken, daß die Welt Ihrer Träume nicht nur wirres Zeug bietet, sondern ganz konkrete Umstände beschreibt. Vergleichen Sie die Träume mit dem Alltagserleben, und Sie werden allmählich feststellen, daß Träume Ihnen in präkognitiver Form zukünftige Entwicklungen aufzeigen. Wenn Sie – vielleicht schon nach Wochen – so weit sind, haben Sie bereits einen sehr bewußten Umgang mit Träumen erreicht, der Ihnen helfen kann, bevorstehende Situationen aktiver mitzugestalten – wobei Ihnen wiederum die Rituale dienlich sein werden.

Halten Sie Ihr magisches Buch ruhig so geheim wie damals als Teenager Ihr Tagebuch! Denn jeder soll auf seine ganz individuelle Weise, mit seiner ureigenen Struktur der Sensitivität, erst einmal ungestört auf diese Entdeckungsreise in eine neue Welt gehen. Oberflächlichkeiten und Kommentare anderer würden dabei nur stören. Selbstverständlich sind richtig verstandene Esoterik an sich und der Hexenkult im besonderen äußerst kommunikationsfreudig. Das muß schon von der Logik her so sein, wenn wir wissen, daß *alles* ein Teil des Ganzen ist. Die Geheimhaltung des Buches soll Sie auch nur schützen und Sie an negativen Einflüssen vorbeiführen. Wenn Sie Menschen mit der entsprechenden geistigen Tiefe um sich haben, können und sollten Sie sich selbstverständlich nach einer Zeit offenbaren und austauschen.

Schreiben Sie in eine andere Rubrik des Buches alle spontanen Gedanken, und zwar sofort, wenn sie Ihnen kommen, ohne jede streng »logische« Überprüfung. Denn es ist in solchen Fällen nur scheinbar Logik, was unsere Gedanken filtert, zensiert. In Wahrheit sind die in uns eingeprägten Normen oftmals der Zensor, der diesen Gedanken als »kindisch« und »unsinnig« abstempelt. Dabei sind bei steigender Beschäftigung mit dem sogenannten »Übersinnlichen« die spontanen Eingebungen oft Signale, Energiefunken der höheren Welt, aufgefangen durch die nun feineren Antennen Ihres Unterbewußtseins.

Schauen Sie sich die Eintragungen in Ihrem Buch in Ruhe öfter rückblickend an und verknüpfen Sie Alltagserleben, Traumerleben, spontane Gedanken mit den Erfahrungen bei Ritualen. Sie werden den roten Faden finden, den Sie gesucht haben, und an dieser Erkenntnis weiterwachsen.

Eine weitere Möglichkeit, den Alltag zu ritualisieren, ist, die Natur bewußter zu erleben. Das sollten wir uns trotz aller Streßsituationen nicht nehmen lassen! Für die Welt der Magie brauchen wir nämlich *Odkraft*, die alles durchströmende universelle Energie. *Od* ist der Begriff für die alles durchdringende Emanation, die sich in uns manifestierende kosmische Energie. *Od* ist vergleichbar mit dem Sanskritwort des *Prana*. Der Begriff Od wurde von Karl von Reichenbach (1788-1869) geprägt. Od durchdringt alles, besonders über die Strahlen der Planeten, und wir müssen uns darauf konzentrieren, diese Odkraft uns immer wieder zuzuführen. Menschen, welche dieses Prinzip nicht verstehen – unbewußt oder bewußt –, wirken schlapp und haben keinerlei Dynamik.

Keine Hexe und kein Magier können ohne Odkraft arbeiten. Die hohen Kräfte kennen keine Unterscheidung und schon gar keine Kompromisse zwischen Recht und Unrecht, sie wirken ganz einfach nach dem richtigen, positiven Prinzip, das seit unendlichen Zeiten in diesem Kosmos immer wieder Neues entstehen ließ. Diese Energie ist auch für uns da, und wir können am besten draußen in der Natur aus ihr schöpfen, uns immer wieder aufladen. Ich tue das, wenn ich Bäume umarme oder auf mächtigen Felsen sitze.

Dabei arbeite ich mit der Imagination, wie ich es im Kapitel über Energieankopplung beschreibe (vgl. dazu auch S. 66 f.). Ich stelle mir die helle, kosmische Kraft über mir vor, sitze oder stehe gerade und lasse sie über Sahasrara, das Kronenchakra, in mich gleiten. Wenn ich das Gefühl habe, meine inneren Batterien sind aufgeladen, stelle ich mir vor, daß ein kleiner Teil der Odkraft wie ein ganz feiner Nebel aus diesem obersten Chakra wieder heraus- und an meinem Körper entlangfließt und so meine ganze Aura wieder stärkt, auffrischt. Je bildhafter solche Imaginationen sind, desto besser sind die Ergebnisse.

Intensivieren sie die Kraft Ihrer Rituale auch, indem Sie allzugroßen Lärm und Streitereien meiden und sich statt dessen harmonischer Musik und schönen Sprachtönen zuwenden! Lernen Sie, mit dem Ohr zu differenzieren. Musik kann ungeahnte Energien in uns wecken und uns harmonisieren, sie kann innere Blockaden aufheben, Traumata beseitigen. Esoteriker verschiedenster Richtungen arbeiten mittlerweile mit Musik. Es gibt die Gongtherapie, die tiefsitzende Probleme aus dem Unterbewußtsein geradezu hochspült und aufzeigt, oder es gibt Klangtherapien wie die hervorragende »Farbklangtherapie« des Heilpraktikers Peter Mandel in Bruchsal. Interessant sind auch die Forschungen von Joachim Ernst Berendt. Der Klang- und Musikforscher hat die Zusammenhänge von kosmischen Energien und

Mein Vater, meine Mutter und ich, vierjährig. Das Baby ist mein Bruder Roul, der gerade getauft worden ist.

Als Vierjährige auf einem Jahrmarkt, der mir keinen Spaß gemacht hat.

Als Vierzehnjährige zusammen mit meiner Großmutter auf der Terrasse vor unserem Schlößchen. Im Hintergrund meine geliebte Trauerweide.

1. Mai 1964 in Kankan – eine Feier mit dem Gouverneur.

Ich (dritte von links) mit dem Gouverneur auf dem Weg zum Fest.

Meine libanesischen Freunde und ich vor dem Mittagessen: man sitzt auf dem Boden und ißt mit den Händen.

Als junge Schauspielerin in einem Stück, das am
Prager Theater Semafor gegeben wurde.
© Milan Wagner, Prag.

Im Theater Semafor mit meinem
Kollegen und Chef Jiří Suchý,
ein enger Freund von Václav
Havel
© Milan Wagner, Prag.

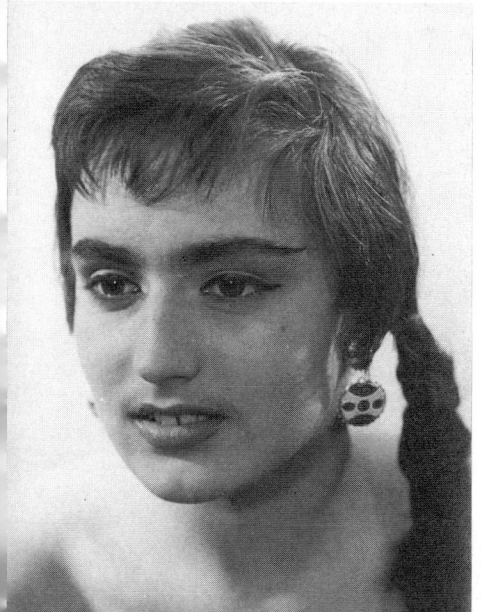

Als türkische Prinzessin
in einem Film, der nach
einem Märchen des türkischen
Schriftstellers
Mazim Mickmet
gedreht wurde.

*Bei mir zu Hause
mit meiner
Freundin Maria,
einer Prager Hexe.*

*Das bin ich –
und so bin ich
(private Aufnahme).*

In tiefer Konzentration bei einem Kerzenritual
© *Christiane Marek, München.*

Anleitung, wie man die Wurzel beim Liebesritual korrekt halten soll.
© Claire Reindl, München

Ritual für Liebende vor dem angeweihten Sexagramm.
© Claire Reindl, München

Liebesritual, um die Bindung der beiden Partner zu festigen.
© Claire Reindl, München

Meine schwarze Katze Maug-Li, deren Kräfte wichtig für meine Rituale sind.
© Claire Reindl, München

Ein sehr wichtiges Amulett: Sonnen-Talismann, der Energie und Positives Denken bringt. Eignet sich zum Schutz gegen negative Kräfte. Bei Beschwörungen lege ich das Pentakel auf Stirn und Brust. © Claire Reindl, München

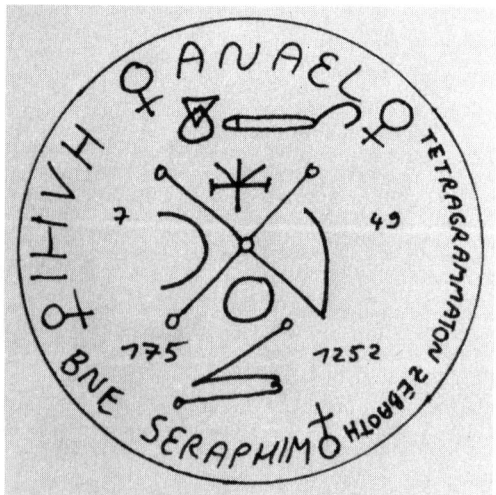

Venus-Talismann: geeignet für alle Liebesrituale, aber auch, um sich beim Kosmos für Glück und Zufriedenheit zu bedanken. Da die Venus ein sehr eifersüchtiger Planet ist, ist es wichtig, ihre Farben beim Ritual zu verwenden: Indigoblau, Hellgrün, Rosarot. © Claire Reindl, München

Klängen intensiv ergründet und Urtöne der großen Planeten produziert. Auch dies ist wieder eine der unendlich vielen Umsetzungen der großen Energien.

Es lohnt, sich damit zu beschäftigen, um zu lernen, modischen »Eso-Kitsch« von echter spiritueller Musik zu unterscheiden. Klänge spielen auch bei allen Ritualen eine große Rolle; das gilt ebenfalls für die Klänge der Sprache. Bei Ritualen jeder Art soll, wann immer möglich, laut gesprochen werden; die akustische Energie verstärkt die Gebete, Formeln, Anrufungen.

Zwei Punkte können ein Ritual empfindlich stören und im Extremfall sogar ins Negative stürzen, trotz sonst korrekter Vorbereitungen: fehlende äußere und innere Reinheit. Deshalb ist vor Ritualen eine intensive Körperreinigung selbstverständlich; ebenso muß die Kleidung vollkommen sauber sein. Und innerlich soll die Stimmung freudig, hell, fröhlich sein. Dann besteht nämlich keinerlei Gefahr, daß niedere Geisteselemente in die Quere kommen. Diese kleben sich bevorzugt an das Unsaubere, Dunkle und Negative.

Wer so seinen Alltag neu einrichtet, kann ihn mit schönen und wirksamen kleinen und großen Ritualen krönen.

11 Alltagsrituale und kleine Übungen

Wir sehen, Magie ist ein unendlich weites und nicht ungefährliches Feld. Jeder von uns kann sich jedoch magische Kräfte in kleinen Ritualen zunutze machen, die ungefährlich sind, wenn unser Ziel, die Erfüllung eines bestimmten Wunsches, positiv ist.

Einige solcher kleinen Alltagsrituale können Sie ohne Aufwand durchführen. Zweifeln Sie nicht von Anfang an. Gefährden Sie nicht von vornherein den Erfolg, weil Sie das eine oder andere Ritual unverständlich oder vielleicht gar banal finden! Vorgänge auf dieser Ebene entziehen sich dem Schwall logischer Argumente. Es geht hier um einfache, aber sehr pointierte Handlungen, die nicht »logisch« zerpflückt werden sollten, sondern deren Inhalt mit großer Energie gezielt von der unterbewußten Ebene abgeschickt und auf derselben auch empfangen werden. Haben Sie sich schon mal mit Hypnose beschäftigt? Dann wissen Sie, daß auch hier, wo auf der Ebene des Unterbewußten gearbeitet wird, nur ganz einfache Wortbilder gegeben werden, keine komplizierten Sätze.

Auf der geistigen Ebene geht es um viel weitergehende Energietransformationen. Diese sublimen Energien entstehen durch einfache rituelle Handlungen und sind auch noch am Zielort kraftvoll-klar und sozusagen gut lesbar.

Aber bedenken Sie bitte: Kleiner Aufwand, Alltagsritual – das heißt nicht, daß man das so zum Gag ganz nebenbei machen sollte. Es »funktioniert« nur, wenn Sie all Ihre Energie ganz auf das Ziel konzentriert mit hineingeben. Der Wunsch, den Sie haben, erzeugt große Energie, und diese wird durch das Ritual gebündelt und transfomiert. Deshalb darf der Wunsch nicht durch Zweifel abgeschwächt werden, weil darunter die ganze Energie für das Ritual leidet.

Sie haben selbst sicher schon erlebt, wie Ihre innere Energie tatsächlich wirken kann. Wenn Sie zum Beispiel ganz, ganz intensiv an jemand dachten, und ebendiese Person rief sie dann wenig später an. Solche einfachen Ereignisse funktionieren grundsätzlich nach demselben Prinzip. Gehen Sie also fröhlich, gutgelaunt und mit großer Akzeptanz ans Ritual! Und beobachten Sie sich selbst dabei. Sie werden sehen, wie sich schon nach wenigen Malen in Ihnen etwas verändert, wie sich die Fokussierung von selbst einstellt. Das ist dann der beste Ausgangspunkt dafür, daß das Ritual wirkt.

Manche Gegenstände für Rituale müssen angeweiht werden. Das machen Sie so: Sie besorgen sich in einer esoterischen Buchhandlung Holzkohleplättchen und Weihrauch, dazu eine Schale, in der Sie die Holzkohle anzünden und Weihrauch drauflegen. Zusätzlich brauchen Sie klares Wasser aus der Natur: einem See oder Fluß. Während Sie dieses Wasser schöpfen, konzentrieren Sie sich darauf, wie es von der universalen Kraft mit Odkräften angefüllt und so für Sie zum besonders wirksamen Wasser wird. Stellen Sie drei weiße Kerzen auf und legen nun den Gegenstand vor sich. Sprechen Sie – wenn es gar nicht anders geht, denken Sie – den Satz »Ich weihe diesen Gegenstand dem Gott und der Göttin des Universums und bitte darum, ihm die magische Kraft zu geben!« Dann bespritzen Sie ihn mit ein wenig Wasser. Achten Sie peinlich genau darauf, daß solche geweihten Gegenstände niemand anderer mehr als Sie selbst in die Hand nimmt.

Strenggenommen sind die folgenden kleinen magischen Rituale nicht ganz weißmagisch. Sie bewegen sich schon etwas in dem Feld, das wir Graue Magie nennen. Das ist der für uns Hexen durchaus akzeptable Bereich, wo sehr *aktiv* etwas gewünscht wird, wo es also tatsächlich um eine Beeinflussung geht. Kernpunkt dabei ist jedoch, daß das Ziel des Rituals in keinem Fall negativ ist. Natürlich hält man immer die eigenen Ziele für positiv. Aber: Achten Sie peinlich darauf, daß das, was Sie für Ihr Ego als positiv erachten, auf jeden Fall keinem anderen Menschen schadet! Warum es für Sie selbst ungut ist, kosmische Energien zu stürzen, also anderen Böses zu wünschen, erkläre

ich ausführlich im Kapitel über Schwarze Magie (vgl. dazu auch
S. 116f.).

Wenn es um die Liebe geht: Wenn beim anderen Menschen
keinerlei Schwingungen für Sie vorhanden sein sollten, nützt
auch kein Liebesritual der Welt etwas! Liebesrituale können nur
vorhandene, vielleicht noch zu schwache oder abgeflaute
Schwingungen verstärken.

Für eine harmonische Liebesbeziehung
Ich fülle einen Kelch mit Rotwein und nehme einen meiner
Ringe, der mir sehr viel bedeutet. Den werfe ich in das Weinglas
und lasse es eine Nacht lang stehen. Dann nehme ich den Ring
wieder heraus. Diesen Wein bekommt mein Partner zu trinken,
was seine Liebe zu mir festigt.

Für die Erweckung der Liebe
Ich pflücke drei dunkelrote Rosen und trage sie drei Tage an
meinem Körper, als Schmuck oder in der Jacke versteckt. Dann
gieße ich darüber etwas Rotwein, den ich dann dem anbiete,
dessen liebevolle Aufmerksamkeit ich anregen will.

Die Bande noch enger machen
Ich bohre drei kleine Löcher in eine Muskatnuß, die ich drei Tage
lang am Körper trage. Dann zermahle ich die Nuß und rühre sie
in ein Getränk – hier eignen sich Cocktails –, das mein Partner
trinkt. Das gleiche kann ich mit Haselnüssen machen. Dieses
Ritual intensiviert die Beziehung.

Hilfe gegen Neider
Ich lasse eine geweihte Kerze fünf Minuten brennen und lösche
sie dann mit der Klinge eines geweihten Messers. Dabei bitte ich
das Universum intensiv um Hilfe gegen böse Menschen.

Fern-sehen ohne Kristallkugel
Große Kristallkugeln sind sehr teuer. Es geht auch ganz einfach,
ohne diese Anschaffung. Ich nehme ein schlichtes Glas ohne

Muster, fülle es bis zum Rand mit klarem Wasser und stelle es auf eine mattschwarze Unterlage. Das Wasser muß mit Odkräften stark aufgeladen sein. Das mache ich, indem ich – möglichst im Freien – aufrecht sitze, mich intensiv auf die Einleitung der Odkraft von oben über mein Kronenchakra am Scheitelpunkt des Kopfes konzentriere, die Handflächen über das Wassergefäß halte und mir bildhaft vorstelle, wie die Odkräfte über meine Arme und Hände in das Gefäß geleitet werden. Dann setze ich das Gefäß einige Stunden lang Vollmondlicht aus. Nun kann ich das Glas wie eine magische Kristallkugel oder einen magischen Bildschirm benutzen. Wenn ich mich nun mit wirklich innerlich gebündelter Kraft auf meinen Partner konzentriere, kann ich sehen, was er gerade tut. Das geht aber nicht immer sofort, es erfordert schon einige Übungszeit.

Der magische Spiegel

Jede Hexe braucht einen magischen Spiegel. Man kann eigentlich jeden Spiegel zum magischen Spiegel machen, das ist gar nicht schwierig. Den Spiegel magisch zu machen, heißt schlicht, fremde Schwingungen zu entfernen. Ich lasse den Spiegel eine Stunde lang unter kaltem, fließendem Wasser (bitte mit dünnem Strahl, auch oder gerade Hexen denken an die Umweltressourcen!) und befreie ihn dann mit meiner eigenen Odkraft von fremden Schwingungen, wobei ich auf die gleiche Weise wie bei der Odaufladung des Wassergefäßes vorgehe und stark imaginiere, wie durch die Odkräfte wirklich sämtliche fremde Schwingungen vertrieben werden. Dann hülle ich den Spiegel in ein schwarzes Seidentuch. Niemand außer mir darf ihn danach sehen, keiner ihn mehr berühren.

Das schwarze Tuch schützt ihn vor Blicken.

Es muß nicht unbedingt ein richtiger Spiegel sein. Viele haben Probleme, in so einem Bildschirm Vorgänge von anderswo zu sehen, weil sie zu sehr von ihrem eigenen Spiegelbild gefangen werden und sich innerlich nicht genügend konzentrieren können. Man kann statt dessen auch eine ganz normale Glasscheibe auf der Hinterseite mit Teer bestreichen und diese am Vollmond bis zum nächsten Vollmond vergraben. Seitdem ich meinen schwarzen Spiegel bei meinem Lieblingsbaum in der Nähe von München vergraben habe, ist er ein wirklich sehr stark wirksamer magischer Spiegel, mit dem ich viele Vorgänge, auch prä-kognitive, visualisieren kann.

Die Liebe auffrischen

Die Liebe zwischen zwei Partnern ist dann am intensivsten, wenn beide die schwierige Balance hinkriegen, wie bei einem Magneten zwar eine starke Anziehung aufeinander auszuüben, aber sich dennoch nicht bis zum Aneinanderkleben zu nahe zu kommen. Zu weit entfernen voneinander darf man sich aber auch nicht, weil sonst die Anziehung der Pole ganz verloren geht. Diese Balance zu halten, bedeutet viel Arbeit an der Partner-schaft, weil jeder sich ja ständig entwickelt und somit die gegen-seitige Distanz ständiger Veränderung unterliegt. Wenn die Di-stanz ein wenig zu groß geworden ist, nehme ich Haare vom Geliebten und mache mir aus Holz, Stroh oder Teig zwei Pup-pen, eine weibliche, eine männliche. Die männliche bekommt seine Haare an den Kopf geklebt, die weibliche Haare von mir. In einer sehr meditativen Stimmung sende ich all meine Energie in die Puppen, stelle mir intensiv vor, daß sie uns beide verkör-pern, und schicke meinen tiefen Wunsch mit, daß wir beide zusammenbleiben. Dann vergrabe ich die Puppen zusammen bei Vollmond an einem schönen, romantischen Platz, in der Nähe eines Baumes, der Früchte tragen kann; am besten eignet sich ein Kirschbaum dafür. Dieses Ritual bringt viel neue, verbindende Energie in eine Beziehung. Achtung: Die Puppen müssen an einem guten Platz vergraben werden, damit sie nicht versehent-lich von Fremden gefunden und ausgegraben werden. Das würde sehr schaden.

Die eigene Aura schützen

Natürlich ist nicht alles Schwarze oder Weiße Magie, was da täglich an Einflüssen auf uns zukommt. Und wieder doch. Magie ist unser geheimnisvoll klingendes Wort für den Umgang mit kosmischen Energien, die fließen. Strom, Radiowellen, Röntgenstrahlen, Funk-, Fernsehwellen – sie alle sehen wir auch nicht; aber wir nehmen sie als vorhanden hin, weil Wissenschaftler sie erklären können. Die Wellen, mit denen ich als Hexe arbeite, sind eigentlich die natürlichsten. Weil sie tatsächlich natürlich vorkommen. Wer nicht abgestumpft ist, hat den wunderbarsten »Apparat« zum Spüren dieser Energien ohnehin längst zur Verfügung – seinen Körper, in dem Seele und Geist in einer wahrhaften Dreieinigkeit wohnen.

So spürt mein Körper viele alltägliche »magische« Energien. Und die sind nicht alle gut. Jeder von uns hat mit Menschen zu tun, die einem nichts Gutes wünschen. Wenn diese anderen Menschen wirklich magisch arbeiten können, kann uns das sehr schaden.

Ich schütze mich für alle Fälle seit langem täglich mit einem kleinen Ritual. Ich zähle am Morgen langsam von drei bis eins und gehe dabei in eine tiefe Entspannung. Ist diese Entspannung angenehm tief, fühle ich mich mehr und mehr schwebend. Stellen Sie sich diesen Zustand einfach bildlich vor; arbeiten Sie hier nie mit dem Willen! Dann stelle ich mir plastisch vor, wie ich meine warm scheinende Aura um meinen Körper reinige, indem ich rundherum entlang dieser Aura streiche. Dabei bete ich zu meinem allumfassenden Gott Adonai mit den Worten: »Adonai, Herr, El, Eloha, Elohim, Herr, Jhvh, halte bitte alle bösen Kräfte von mir fern« (Jhvh spricht sich Jachwe). Dann stelle ich mir vor, ich gehe in einen unsichtbaren Tunnel, der mich rundum schützt. So habe ich den ganzen Tag eine schützende Hülle um mich. Aber auch die ist angreifbar, bei starker Magie oder auch nur sehr negativen Worten kann sie sozusagen »Löcher« bekommen. Wenn ich das auf unangenehme Weise fühle, dann nehme ich ein warmes Bad mit viel Salz oder reibe mich mit Salz ein.

Eigene Gegenstände schützen

Auch meine Gegenstände schütze ich ähnlich wie meinen Körper: Wenn sie jemand mit sehr negativen Schwingungen in Händen hatte, reibe ich sie mit Salz ab. Oder ich lege sie über Nacht in Salzwasser.

Erde, Wachs

Reine, natürliche Erde ist für Hexenmagie von großer Bedeutung. Die Erde ist für mich die Materialisation der kosmischen Kräfte. Mir tut es weh, wenn ich sehe, wie Menschen mit der Erde umgehen, wie sie immer mehr vergiftet wird. Neulich las ich, daß eine Handvoll ursprünglicher Walderde mehr Lebewesen in sich berge, als es weltweit Menschen gibt. Ich kann mir das gut vorstellen. Der Mikrokosmos ist in seiner Unendlichkeit ja auch eine Entsprechung des Makrokosmos. Erde ist ein Stück von uns.

Erde, die wir für kleine Rituale benutzen, soll geweiht sein. Ich grabe sie mit meinen Händen aus, ohne Schaufel. Dann bitte ich meinen kosmischen Gott, den Gott aller Hexen, diese Erde zu weihen, und bespritze sie mit geweihtem Wasser. Auf diese Weise gehe ich auch mit Wachs vor. Mit der Erde kann man nämlich genauso wie mit Stroh oder Wachs Puppen formen, man muß hier natürlich aus Materialgründen ein bißchen vorsichtiger umgehen.

Bei Ritualen sollten immer Kerzen brennen. Am besten macht man sie selbst aus reinem Bienenwachs, welches auch geweiht wurde.

Alles, was angeweiht wurde, soll zum Schutz in Seide gewickkelt werden. Die Farbe ist unwichtig, nur Seide muß es sein. Auf das Tuch schreibe ich, um seine Schutzkraft zu erhöhen, in Gedanken oder konkret mit geweihtem Wasser den Namen Gottes: El, Eloha, Elohim, Aglai, Adonai, Herr! Dann ist das Tuch auch geweiht. Man kann es noch mit Weihrauch räuchern und danach sieben Tage lang mit gut riechenden Gewürzen in den Schrank legen.

Zum Schluß noch eine wichtige Warnung: Viele Menschen verbrennen aus alter Gewohnheit Dinge, die sie für negativ halten, zum Beispiel Fotos von Menschen, mit denen man jetzt im Streit liegt oder ihre Gegenstände. Eine Bekannte von mir, die mit einigen unangenehmen Magiern zu tun hatte, bekam eine

Puppe mit einem rostigen Nagel in der Brust zugeschickt und hat mir das erst erzählt, nachdem sie voller Schreck und Wut die Puppe verbrannt hatte. Das ist aber das Übelste, was man in solchen Fällen tun kann! Verbrennen Sie diese negativen Teile nie. Sie sollen vielmehr mit guten Wünschen an den »Gegner« vergraben werden, daß dieser wieder ins Licht gestellt werde und sich von dem negativen Pol abwende. Und lassen Sie im Fall einer solchen schwarzmagischen Puppe unbedingt den Nagel stecken. Wenn man ihn herauszieht, kann es später psychische oder körperliche Verletzungen bei einem selbst geben. Und das Verbrennen ist deshalb schlecht, weil dadurch die böse Energie sich nicht in Luft auflöst, sondern sich dort auflöst – also nicht verschwindet. Vielmehr wird sie molekular leichter, viel beweglicher und dadurch gefährlicher. In der Erde begraben, ist sie statisch gebunden und wird von der Erde angezogen, die wie ein Blitzableiter wirkt. Für meine Bekannte habe ich einige komplizierte Spezialrituale durchgeführt, um sie nach dem Verbrennen der Voodoo-Puppe – wer sie geschickt hat, wissen wir – vor negativen Folgen zu schützen.

Es gibt Magier und Hexen, die nach dem Auge-um-Auge-Prinzip arbeiten. Das sind meiner Ansicht nach die, die durchaus mentale und energetische Fähigkeiten besonderer Art mitbekommen, diese aber nicht entsprechend ihrer Chancen entwickelt haben. Sie werden mit einem schweren Karma in ihre nächste Inkarnation gehen. Ich selbst bekomme ihr Treiben zu spüren: Seit ich als Hexe in der Öffentlichkeit bekannter bin, kommen öfter die negativen Energien schwarzer Rituale auf mich zu, wahrscheinlich verursacht durch Neid und Mißgunst. Es prallt aber alles an mir ab, weil ich mich gut schütze, die Wirkung der Rituale gegen mich eliminiere und diesen Menschen gute Energien zurücksende.

12 Hilfsmittel der Magie

Was braucht eine Hexe für ihre Magie? Eigentlich nichts – außer sich selbst. Die feinen Antennen für das nicht Sichtbare, der Sender zur Kontaktaufnahme dazu, der Verstärker, um Wirkungen bis hinein in materialisierte Energien zu erzeugen, all das ist in mir. So ist es meine erste und immerwährende Lernaufgabe, meine Sensitivität zu erhalten und möglichst weiterzuentwikkeln. Wie wir schon gesehen haben, kann es auch schnell Rückschritte geben, etwa wenn viel Schwarze Magie betrieben wird oder Hexen und Magier trotz besseren Wissens der Sucht nach viel Geld verfallen.

Wenn ich als Hexe sehr gut eingestimmt bin auf mein großes Umfeld, dann habe ich viele Spontanreaktionen. Dann sage ich ohne alle Hilfsmittel Klienten viele Dinge auf den Kopf zu, die zutreffen.

So begreife ich meine Magie: Sie ist in mir als Mensch zentriert, und alle Techniken, die ich benutze, sind Wege, die ich je nach Bedarf benutzen kann. Es gibt durchaus Esoteriker, die ihre Aufgabe anders angehen. Sie besitzen vielleicht keine besonders starke magische Veranlagung, sondern können nur eine durchschnittliche Sensitivität aufbauen; sie entwickeln sich aber zu absoluten Meistern ihrer spezifischen Technik. Dazu zählen zum Beispiel hervorragende Astrologen, sehr erfahrene und mythologisch gebildete Tarotspezialisten, Handleserinnen – hier finden wir tatsächlich überwiegend Frauen –, für die der schwarze Abdruck der Handinnenfläche auf einem Blatt ein Lesebuch ist, Philosophen und esoterisch arbeitende Psychotherapeuten mit grundlegender Ausbildung in Psychologie oder Medizin.

Zu dieser Gruppe zählen aber all jene nicht, die grundlegend erst einmal aus sich heraus wirken und technische Fähigkeiten und theoretisches Wissen gewissermaßen »draufsetzen«. Das sind neben Hexen und Magiern zum Beispiel Hellseher, Auraseher, Wünschelrutengänger, Pendler und Heiler. Sie haben natürlich dennoch die Verpflichtung, ihre angeborenen Fähigkeiten zu verbessern. Dazu gehört neben der ständigen Weiterentwicklung der Sensitivität auch die Aneignung von Fachwissen und Techniken. Die gehen dann wieder Hand in Hand mit den inneren Fähigkeiten, die sich mit den Techniken, oft ein Wissen aus vielen Jahrhunderten, noch feinsinniger gestalten. Dieses uralte Wissen hatte schließlich keine okkulten Spielereien mit Orakeln im Sinn; sondern schon immer wurden hier Wege gesucht, den Menschen bewußter werden zu lassen, damit er sich mit stärkeren Kräften den Problemen der realen Welt stellen kann.

Lange vor Christus fingen die Menschen, damals noch in intensivstem Kontakt mit der Natur, an, Zeichen zu deuten. Weil sie merkten, daß nicht nur eine reale Welt mit Feldarbeit, Jagen, Fischen, Bauen um sie war, sondern auch eine Welt, die sie nicht deuten konnten, die sie in Tagphantasien und in nächtlichen Träumen erfuhren. Sie sahen Vorgänge, die sie in Schnitzereien, Zeichen und Gemälden auf Felsen festhielten und die heute noch Rätsel aufgeben. Die zum Beispiel einen Erich Däniken veranlaßten, kühne Schlußfolgerungen über permanente Besuche Außerirdischer anzunehmen. Vielleicht hatten die damaligen Jäger und Sammler keine Ufo-Besuche, sondern hellsichtige Träume von Dingen, die es in ihrem Alltag nicht gab, wie zum Beispiel Flugzeuge. Und schon in uralten Sagen aller Kulturen finden wir hellsichtige Erlebnisse, daß jemand beispielsweise den Tod eines anderen voraussah. Mit diesen Visionen mußten unsere Vorfahren lernen, umzugehen. Also versuchten sie, diese Erlebnisse einer Welt, die sie gar nicht real kannten, aber dennoch sahen, zu manifestieren. Das taten sie zum einen in ihren Zeichnungen und Plastiken und andererseits in Mythen.

Von den ominösen Steingestalten auf den Osterinseln über Hunderte von seltsamen, sehr futuristisch wirkenden Figuren einer über dreitausend Jahre alten, verschwundenen Kultur im südkolumbianischen San Agustin über die Inkakultur, die Zeichen von Nazca in Peru über die Mayakultur, die verschiedenen asiatischen Frühkulturen bis hin zu den gigantischen Pyramiden in Ägypten finden wir Zeichen, Figuren und Gebäude, deren Entstehen sich heute noch niemand erklären kann. Zeichen, Tore und Figuren im südamerikanischen Andengebiet stimmen in ihrer astronomischen Ausrichtung so hundertprozentig, daß heute noch die klügsten Wissenschaftler darüber verblüfft sind, ebenso wie über die Tatsache, daß die Kanten der 4700 Jahre alten, damals 146,50 Meter hohen Cheopspyramide exakt in die vier Himmelsrichtungen zeigen, die in vielen weiteren Punkten nach einer Fülle von Gesetzen, Fakten, mathematischen und astronomischen Regeln erbaut wurde. In der, wie man erst vor rund zwanzig Jahren feststellte, eine unerklärliche Kraft die Rasierklingen von selbst schärft, die Tiere nicht verwesen läßt. Die Pyramide ist ein perfektes Beispiel dafür, daß Wissenschaftler etwas nicht erklären können, weil es dazu noch lange nicht genügend empfindliche Meßgeräte gibt; daß sie aber einräumen müssen, daß da »was ist«. Besonders die Pyramide macht deutlich, wie intensiv und klug sich Menschen von damals mit für sie nicht sichtbaren Kräften beschäftigt haben.

Früh schon haben sie erkannt, daß unerklärliche Kräfte auf irgendeine Weise das Geschehen steuern. Aus dieser Erkenntnis heraus entstanden in fast allen Kulturen Orakel. Es war also kein Zufall, welche Entscheidung durch ein Orakel gefällt wurde, sondern das Orakel zeigte sichtbar auf, welches Schicksal den Menschen bestimmt war. Das war überall so, egal ob es die Leberschau im damaligen Mesopotamien war, das Knochenwerfen, das ich noch in Afrika gesehen habe, ob es die in vielen Ländern übliche Eingeweideschau war – oder ob es Runen, Zahlen oder Karten waren.

Das sind nämlich die Orakel, die wir heute noch haben. Und ich arbeite mit einigen von ihnen. Mit Runen habe ich früher viel experimentiert, mache das aber heute noch selten. Nicht etwa, weil von ihnen das Hakenkreuz der Nationalsozialisten entliehen wurde, das darf für einen bewußten Esoteriker kein

Problem sein. Das Hakenkreuz an sich ist eine ganz enorm starke Rune, welche die vier Grundelemente Wasser, Feuer, Luft und Erde und gleichermaßen die Jahreszeiten mit den vier Haken andeutet, die das Kreuz nicht statisch, sondern wie ein sich immer drehendes Rad erscheinen lassen, also wieder ein kosmisches Symbol. Denken wir daran, daß das Universum keine Moral kennt, sondern nur positive und negative Energien. Demgemäß sind auch die Transformationsstellen dieser kosmischen Energien zur Welt, die Zeichen und Symbole, nicht an sich schlecht; sie können freilich von Menschen mißbraucht werden. Das Dritte Reich war voll von Schwarzer Magie. Es hat furchtbar viel zerstört, und die Energie kam schließlich zurück; es hat sich selbst vernichtet.

Runen benutze ich deshalb selten, weil sie meiner Ansicht nach mit Vorsicht zu genießen sind. Diese Zeichen besitzen nach meinen Erfahrungen geradezu eine explosive Kraft. Bei ihnen kommt auch die Polarität sehr deutlich zum Tragen, die Runenwirkung kann stürzen, dann geht diese explosive Kraft voll ins Negative. Runen entwickelten sich in den Jahrhunderten vor Christus im europäischen Raum mit anfangs sechzehn Zeichen und hatten neben einer sprachlichen Bedeutung als eine Art Alphabet schon von Anfang an den starken magischen Hintergrund. Die Runen sind durch ihre mythologische Bedeutung vor allem aus der germanischen Zeit so wirksam, und ich rate jedem, der mit diesem mythologischen Dynamit arbeiten will, vorher dazu ein spezielles Buch über Runenmagie zu lesen und ausschließlich mit positiven Gedanken an die heute vierundzwanzig Runen zu gehen. Fangen Sie auch nicht einfach an, mit diesen Zeichen zu »spielen«, sondern freunden Sie sich erst einmal mit ihnen an, betrachten Sie die Runen in Ruhe und entwickeln Sie eine Schwingung für sie.

Gehen Sie auch beim Thema Runen mit wachem Blick durch Ihre Umwelt! Sie werden Runen oft entdecken, zum Beispiel die sternförmige Hagal-Rune in vielen alten Fachwerkhäusern: die Rune der perfekten Urgewalt. Auch die Runen Man und Ar findet man häufig in Fachwerken. Selbst in Verkehrszeichen, in

Piktogrammen oder im Peace-Zeichen der Friedenskämpfer findet man Runen; letztere ist ganz deutlich eine Yr-Rune.

Wenn Sie wollen, fertigen Sie Ihre Runen selbst; sie sind dann noch wirksamer. Runenbücher zeigen Ihnen verschiedene Legearten.

Worauf ich persönlich sehr setze, ist die Numerologie. Sie ist für mich ein absolut zuverlässiges Orakel, ein magisches Denksystem, in seinem Ursprung Tausende von Jahren alt, weil Zahlen viel älter als das Alphabet sind. Später wurden die Buchstaben des Alphabets den Zahlenwerten zugeordnet. Zahlen schaffen Ordnung in dieser Welt, lassen genauer Zuordnungen erkennen und sind eine unserer wichtigsten Orientierungshilfen. Sie waren die Grundlage gleichermaßen für Sprache und die Entwicklung der Naturwissenschaften. Die hebräische Kabbala, die das esoterische und große Modell des Lebensbaumes zeigt, ist ein mystisches Zahlensystem. In den Schriften der Kabbala wird immer wieder versucht, über die Mystik der Zahlen das Göttliche zu begreifen. Im Hebräischen waren Worte gleichzeitig Zahlen; mit Hilfe der Zahlenmystik wurde versucht, die Gesetze der kosmischen Abläufe zu begreifen.

Die Numerologie ist eine eigene esoterische Wissenschaft, wenn man sie seriös betreiben will. Allein die Charakterisierung und erste Deutung der ersten neun Zahlen zeigt auf, über welches Denken die Numerologie Ordnung und Erklärung in die kosmischen Abläufe bringt:

Eins – 1

Die Eins ist der Ursprung, der Anfang und die Einzigartigkeit, die Einheit; und so läßt sich in der Mathematik nichts echt durch eins teilen, es bleibt im Sinne der Einheit, wie es ist. Eins ist ein Pol, dem die anderen Zahlen als das Zahlreiche, die Vielfalt gegenüberstehen. Die Eins ist beim Menschen eine Grundkraft, die aber umgesetzt werden will, sonst bleibt man eins – alleine.

Zwei – 2

Die Zwei steht für die Dualität, für Partnerschaft, für Ehen.

Aber ab hier kann auch zweigeteilt werden; deshalb steht sie auch für Trennungen. Die Zwei ist die Grundzahl dieser Welt, sie zeigt die Polarität an, in der wir alle leben sollen und mit der nur Leben möglich ist. Sie weist auf das Prinzip männlich-weiblich und damit auf die Entstehung neuen Lebens hin, das durch Vereinigung der Zwei entsteht und in der Harmonie zweier Teile möglich ist.

Drei – 3

Die Drei steht für Weisheit, für Dreifaltigkeit. Der Polarität in diesem Leben soll bei intensiver Entwicklung der dritte Pol folgen, die Erleuchtung, die Synthese im Kosmischen. Zeugung, Leben und Sterben stehen für die Drei. Drei ist auch das Geheimnis der Weisheit, der unerklärbare Raum zwischen zwei Polen. Die Drei steht zwischen den Polen labil und stabil, sie ist der geheimnisvolle dritte Pol, die Indifferenz, die aus der Labilität führt, aber die festsitzende Stabilität ins Fließen bringt. So ist die Drei lebhaft, und wir kennen ja auch den lachenden Dritten, der nicht der Hämische sein muß, sondern der Weise sein kann, der über einer negativ ausgelebten Dualität steht.

Vier – 4

Die Vier verleiht absolute Festigkeit und Dauer. Auf vier Rädern fahren unsere Autos, vier Jahreszeiten stabilisieren unseren Naturablauf, das Viereck ist geometrisch »ordentlicher« als das fast anarchistisch-fröhliche Dreieck. Arme und Beine ergeben vier, vier Himmelsrichtungen haben wir übersichtlicherweise. Vier schafft Ordnung und kann zur sich an der Ordnung labenden Behäbigkeit führen.

Fünf – 5

Die Fünf ist das Zeichen der Gerechtigkeit, und das Pentagramm, der fünfzackige Stern, ist im Hexenkult das wichtigste Zeichen. Die Fünf ist nicht arrogant-einzigartig, nicht zweigeteilt, nicht im Dreierchaos, nicht in der selbstzufriedenen Viererordnung, sondern sie nimmt den fünften Punkt hinzu, läßt sich so nicht aufteilen, vereint die vier Grundprinzipien und setzt das menschliche Denkvermögen dazu.

Sechs – 6

Die Sechs gilt als Zeichen der Schöpfung, darum wohl auch als Glückszahl. In sechs Tagen wurde laut Bibel die Welt erschaffen. Sechs Spitzen hat das Hexagramm, das aus zwei übereinandergelegten Dreiecken besteht – das männliche und das weibliche Prinzip, wieder ein Zeichen der Schöpfung und eine Verbindung zur Zwei und zur Drei. Zwei Dreiecke – zweimal drei – sind ein Sechseck: das Hexagramm. So ist die Sechs ein Zeichen absoluter Harmonie und der Vereinigung, auch der körperlichen. Sie ist nicht mehr so puristisch klar wie die Drei, weil sie mehr Seiten hat.

Sieben – 7

Die Sieben steht für die Geheimnisse des Lebens und wurde für viele Religionen zur magischen Zahl. Sieben Tage hat die Woche, über die sieben Meere geht es, und sieben Todsünden kann der Mensch begehen. In den Religionen gibt es zahlreiche Rituale, in der die Sieben Verwendung findet. Die Sieben ist eine starke Zahl, die auf magische Veranlagungen hinweist. Die Sieben ist keine runde Zahl und will es auch nicht sein, weil sie für das Hinterfragen der Dinge steht.

Acht – 8

Die Acht ist wieder rund, sie besteht aus zwei dicken, fröhlichen Kreisen, die sich harmonisch berühren; sie steht mit ihren ausschließlich runden Formen für dynamische Fülle und Ausgewogenheit. Sie erinnert mit ihren zwei Kreisen aber auch an das Prinzip der Polarität, an die Existenz nicht nur des Positiven, sondern auch des Negativen; und darum muß der Mensch auch in der Magie achtgeben und sollte Achtung vor dem Kosmos haben. Die Acht steht für Menschen mit großer Energie; wenn man ihre Linien entlangfährt, bleibt man permanent in Fluß, es gibt kein Ende.

Neun – 9

Die Neun ist eine besonders kosmische Zahl. In der Kabbala werden neun himmlische Sphären genannt, und man kann eben nicht mehr als neunmalklug werden in diesem Leben – die Neun steht an der Grenze zu anderen Welten. Buddhistische Tempel haben neun Dachstufen entsprechend den neun geistigen Stufen, die der Buddhist bis zur Erleuchtung zu durchlaufen hat. Die Neun signalisiert ein Ende, ab der Neun wird das Zahlenwerk mehrstellig.

Diese Grundzahlen geben vielleicht einen ersten Eindruck von der starken Aussagefähigkeit von Zahlen. Und die Null? Sie ist eine Zahl, die eigentlich keine ist. Sie ist nichts. Nicht greifbar, weil sie plötzlich auch wieder alles sein kann, weil mit der Null sich andere Zahlen potenzieren, obwohl die Null selbst ja nichts ist. Die Null ist der Ursprung, aus dem andere Zahlen hervorgehen, und man kann mit ihr allein nichts machen, sondern nur im Zusammenhang mit anderen Zahlen. Wenn man die Null mit oder durch eine Zahl dividiert bzw. multipliziert, bleibt sie, was sie ist. Die Null ist eine unsichtbare Energie, die erst im Zusammenhang mit anderen Energien wirksam wird.

Es gibt in der Numerologie eine ganze Menge verschiedener Deutungsarten. Es gibt Charakterisierungen von mehrstelligen Zahlen und geometrische Legungen mit Zahlen, die sich auch in Amuletten finden. Ich arbeite mit der Zuordnung von Buchstaben zu den Zahlen und ziehe die Quersummen, ziehe auch die Quersummen aus den Geburtstagsdaten und erfahre daraus Deutungen. Ich kann Firmennamen auslegen und die Aussage von Hausnummern deuten. Wenn man die Hausnummern beispielsweise – die ja vieltausendfach die gleichen sind – mit Namen und Straßennamen korreliert, die auch numerologisch berechnet werden, entsteht für den jeweils Fragenden eine sehr spezifische Aussage.

Numerologie ist sehr kompliziert in der weitergehenden Deutung. Ein wenig möchte ich Sie aber gleich jetzt – ohne das Studium spezieller Fachliteratur – in ihr schnuppern lassen. Im Alphabet steht für die Buchstaben A, J und S die Eins; für B, K, T die Zwei; für C, L, U die Drei; für O, M, V die Vier; für E, N, W die Fünf; für F, O, X die Sechs, für G, P, Y die Sieben; für H, Q, Z die Acht; für I und R die Neun. Nun rechnen Sie einfach die Zahlen für Ihren Vornamen und Nachnamen zusammen, zählen sie zusammen und ziehen die Quersumme, tun dies noch ein zweites Mal, wenn die Zahl noch zweistellig ist – dann haben Sie Ihre *Namenszahl*.

Bei der Numerologie, wie ich sie betreibe, geht es natürlich noch um viele weitere Feinheiten. Numerologie muß stimmen, das liegt in der Natur der Zahlen, die für Ordnung stehen. Für diesen Bereich stecke ich auch am häufigsten meine Nase immer wieder in zahlreiche Fachbücher.

Anders ist meine Arbeit mit den Karten. Die Karten sind für mich ein Hilfsmittel, meine eigenen energetischen Gefühle schneller zu ordnen. Ich kann eigentlich mit sämtlichen Karten arbeiten – es kann auch ein ganz banales Skatspiel sein –; sie sagen mir, wenn ich genügend mit Odkräften geladen bin, sofort etwas zu meinen Fragen aus. Es ist schwierig für mich zu beschreiben, wie das funktioniert, denn da kommt es nicht mehr darauf an, ob ich einen »Buben« oder eine »Dame« vor mir habe. Meine Deutung läuft auf einer ganz anderen Ebene ab. Es werden ja stets mehrere Karten gezogen, manchmal noch eine hinterher; für mich entsteht vor meinem geistigen Auge dann sofort ein großes Gesamtbild, das sich sofort von den Karten entfernt, wenn ich mit der Beschreibung beginne.

Ich bin mir ganz sicher: Diesen Zustand kann man erst nach einer gewissen Zeit auf dem magischen Weg erreichen. Wer noch nicht soweit ist, dem empfehle ich doch am ehesten das Üben mit Tarotkarten. Welches Spiel – nun, das ist wirklich eine Frage der individuellen Vorliebe! Es gibt klassische Tarotkarten und mittlerweile auch eine ganze Menge sehr schön anzusehender, künstlerisch gestalteter Spiele. Es hängt stark von Ihnen selbst ab, welche Energie Sie in die Karten hineingeben, damit diese zu einem guten Vermittler der großen Energien werden können. Viele Tarotspezialisten schwören meist auf den klassischen Rider-Tarot, ich zum Beispiel komme mit diesem nicht gut zurecht und benutze lieber den Crowley-Tarot. Das sind persönliche Vorlieben – lassen Sie sich inspirieren, Ihre eigenen zu entdecken!

Einer der führenden Tarotmeister in Deutschland ist Hajo

Banzhaf. Durch seine Bücher*kommt man sehr schlüssig in die Kartenwelt hinein und begreift von Anfang an auch die mythologischen Hintergründe. Man findet im allgemeinen in der Tarotliteratur oft nicht genügend Erklärungen, was die 78 Karten im Sinne des menschlichen Entwicklungsweges bedeuten. Aber nur, wenn die Bedeutungen der Tendenzen der Entwicklungswege auf allen Ebenen, der materiellen wie der geistigen, aufgezeigt werden, kann Tarot zu einem wirklichen Erkenntnissystem werden.

* Vgl. dazu auch Hajo Banzhaf: Schlüsselworte zum Tarot, Goldmann Tb
  Nr. 12077 und 12126 (mit Kartendeck)

13 Helfer in der Natur:
Bäume und Steine

Wir haben zum Glück nicht alle den Bezug zur Natur verloren. Viele Menschen finden ihre innere Ruhe und Kraft in natürlichen Räumen, die nichts mit unserer sogenannten modernen Zivilisation zu tun haben. Schauen Sie sich diese Menschen genau an! Sie werden feststellen, es sind Menschen, die vor Kraft und Lebensfreude strotzen.

Es gibt erfolgreiche Geschäftsleute, die mit vierzig schlaff, krank und kaputt aussehen. Das sind die, die sich ausschließlich, Tag und Nacht eingekerkert in Betonburgen, ihrer Karriere im Sinne ihrer Bosse widmen. Und es gibt welche, die bis ins hohe Alter eine geradezu unglaublich intensive, warmherzige, dynamische und natürliche Ausstrahlung haben; einige davon gehören zu meinen Klienten. Spricht man mit ihnen oder liest Porträts über sie, stellt man fest, daß sie viel in der Natur sind und dies sehr bewußt tun. Sie radeln, gehen spazieren, wandern, joggen, sind dort abgekoppelt vom Firmenalltag – und ganz woanders angekoppelt.

Viele Menschen wundern sich auch über die schier übermenschlichen Kräfte und die Ausdauer mancher Sportler. Gerade die extremen Ausdauer- und Hochleistungssportarten finden im Freien statt: Marathonläufe, die Tour de France, Triathlons. Auch viele Indoorsportler sind meist ebenfalls sehr naturverbunden. Und schauen Sie sich Expeditionstypen an, etwa einen Reinhold Messner: Sein Organismus strotzt vor Kraft, seine Aura spüht geradezu!

Das Geheimnis dieser Menschen ist, daß sie bewußt oder unbewußt genau das tun, was wir Hexen machen: kosmische Kraft aus der freien Luft und der Natur holen. Ein Messner leistet unter anderem deshalb so Ungewöhnliches, weil er in besonders reichem Maße klare, unverfärbte, unvergiftete Natur um sich hatte, wo die Odkraft ganz besonders stark ist.

Tanken Sie auch in der Natur auf. Ich selbst bin so oft wie möglich in der Natur, nicht nur bei Ritualen. Manche Esoteriker überziehen die Natur mit Rangordnungen: Die einen halten Bäume für besser, die anderen Steine, die sie wieder hierarchisch untergliedern. Nicht richtig! Hier wird wieder unser typisch menschliches Wertigkeitsdenken hineininterpretiert, wo doch in der völlig unmoralischen Natur alles gleich »gut« ist. Unterschiedlich sind nur die Wirkungen, und auch hier kommt es nun wieder auf Ihr eigenes Ich an: was in Ihrer derzeitigen Struktur optimal für Sie ist, um eine möglichst weitgehende Angleichung an die große Schwingung zu erreichen. Wer Liebesprobleme hat, ist auf andere Weise aus der kosmischen Bahn geworfen als der, der sich beruflich bis zum Herzinfarkt hinstressen ließ. Aber die Natur bietet uns eine so extreme Vielfalt, daß jeder Mensch seine Schwingung wiederfinden kann.

Machen Sie vor einem langen Spaziergang die Auraübung, die ich schon bei den Ritualen beschrieb: Schließen Sie die Augen, stellen Sie sich vor, daß innere Kraft wie ein weißer Nebel aus Ihrem Scheitelchakra steigt und ganz feinstofflich Ihre Aura durchwirkt, sie stärkt. Dann imaginieren Sie Ihren Spaziergang, wie Sie in die Natur, den Wald oder einen schönen Park gehen, und stellen Sie sich vor, daß außer Ihren Augen und Ihrer Nase auch Ihre ganze Aura rundum die Natur sieht, riecht, freudig aufsaugt, immer strahlender wird. Imaginieren Sie diese Vorstellung meditativ mindestens fünf Minuten und gehen Sie dann hinaus.

Bäume – unsere Freunde

Mit der allmählich erhöhten Sensitivität werden Sie auch bald die Pflanzen, Steine und Bäume erkennen, zu denen Sie sich besonders hingezogen fühlen. Gehen Sie hin, berühren Sie diese – und suchen Sie genau auf diese Weise an einer einsameren Stelle Ihren künftigen Lieblingsbaum, wo Sie zum Krafttanken, zum Meditieren und für das Zelebrieren von Ritualen von nun an hingehen werden. Mehr Sensitivität bedeutet in diesem Zusammenhang auch, daß Sie die Schmerzen der Bäume mitfühlen werden. Ich bekomme selbst Schmerzen, wenn ich gefällte Bäume sehe, auch wenn ich weiß, daß wir Menschen für viele wirklich vernünftige Zwecke Holz brauchen. Besonders nach den starken Orkanschäden der letzten Jahre wurde ich auf meinen Spaziergängen sehr traurig, als ich so viele von meinen Freunden tot am Boden liegen sah.

Denn Bäume sind wirklich unsere Freunde. Wie heißt es im Gedicht »Der Waldspaziergang« des 1936 gestorbenen französischen Schriftstellers Henri François Joseph de Régnier: »Ein Baum, gleich mir verhärtet und gewunden, beschirmt nun meine Sorgen, meine Wunden.« Bäume haben die Energie der Weisheit in sich. Nicht umsonst ist im Ersten Buch Mose vom »Baum der Erkenntnis« die Rede, dem den ersten Menschen verwehrten Paradiesbaum. Auch jeder Indianer hatte seinen eigenen Baum. Der war für alle positiven Belange, zum Krafttanken, zum Gedankenaustausch, zum Meditieren da. Hatte ein Indianer dagegen großen Kummer, suchte er sich einen anderen Baum, vertraute ihm. Bäume nehmen uns ja auch die verbrauchte Atemluft ab und spenden uns Sauerstoff.

Wenn wir um den ganzen Globus sehen, finden wir, daß Bäume uns Menschen überall helfen: uns ernähren, für Brennholz sorgen, das schützende Dach liefern. Allein die vielfältigen Funktionen der Kokospalme in Asien sollten uns daran erinnern, mit unseren fest in der Erde verwurzelten Freunden pfleglicher umzugehen. Wir alle sind tatsächlich sehr eng mit Bäumen verbunden: Daß alles Teil von allem ist, können wir an Bäumen gut sehen. Bäume verbrennen, aber jeder Physiker weiß, daß die Moleküle nicht verlorengehen. Sie kommen über die Luft in unseren ganzen Lebenskreislauf zurück.

Welcher Baum ist gut wozu? Sie wissen ja, ich bin keine große Freundin von zu engen Kategorisierungen. Aber wie bei Planeten gibt es auch bei Bäumen und Steinen einige, die ganz grundsätzliche Energien haben. Ich will eine Auswahl der meiner Ansicht nach wichtigsten Bäume kurz aufführen.

Meine besonderen Antennen zum Universum sind hohe Bäume wie Pappeln oder Linden. Sie haben feine Verästelungen und können bis zu dreißig Meter hoch werden. Bei ihnen hole ich mir mit nach oben geöffneten Handflächen neue Energien. Dabei spreche ich laut mit dem Baum und danke ihm, daß er mir hilft, die kosmischen Kräfte anzuzapfen. Bei manchem Baum spüre ich im Gespräch sogar leichte Vibrationen im Stamm.

Die Linde ist der Liebesbaum. In der Linde, die über tausend Jahre alt werden kann, wohnt die Venus. Sie gibt Ruhe und Sicherheit in Gefühlsdingen. Verliebte sollten sich bei ihr aufhalten, auch die, die intensive Gedankenenergien an den fernen Partner senden wollen. Der alte Brauch, ein Herz in die Rinde zu schnitzen, hat übrigens tatsächlich magische Wirkung. Aber es tut dem Baum weh! Ein guter Liebeszauber dagegen ist, bei Neumond die Rinde leicht anzuritzen und – bei gleichzeitigen intensiven Gedanken an ihn oder an sie – vorsichtig drei Haare des geliebten Menschen drunterzuschieben, die dann mit dem Baum verwachsen. Bei meinen Venusritualen trinke ich eiskalten Lindentee mit Honig.

Die Buche ist ein Baum von großer magischer Bedeutung. Sie eignet sich gut als Dach für Rituale im Freien. Runen machte man ursprünglich aus Buchenstäben, in die die Zeichen geritzt und mit Blut getränkt worden sind. Diese Stäbe wurden als Orakel geworfen. Unsere ganze Schrift ist davon beeinflußt; man denke nur an den Wortzusammenhang der Buchenstäbe mit den machtvollen Runenzeichen und den Buchstaben! Zwar setzte sich im Abendland das Alphabet durch, aber Zahlen und Runen haben als Zeichen nach wie vor in der Magie eine viel höhere Wirkung und Bedeutung.

Die Birke ist eine Art Unkrautbaum, sie wächst praktisch auf jedem Untergrund. Bitte nicht den Fehler machen, sie nach unseren Wertordnungen nun gleich für minderwertig zu halten! Im Gegenteil: Weil die Birke so souverän mit allen Stoffen fertig wird, besitzt sie große Kraft. Ihre Blätterextrakte wirken bestens, wenn der Magen angegriffen ist. Und wie kraftvoll Birkenhaarwasser ist, weiß jeder.

Auch die Esche hat Liebeskräfte. Ein Eschenblatt am Körper, in einer Tasche, macht anziehend.

Die Weide ist ein Hexenbaum; das gilt für jede Weidenart. Sie beschützt uns Hexen. Schon als Kind bin ich immer in den Garten zu meiner Trauerweide gegangen und habe mir bei ihr Trost geholt, wenn ich gescholten worden war. Weiden gelten auch als typischer Selbstmörderbaum – Judas soll sich an einer Weide erhängt haben. Eine Weide hat angeblich auch Satan den Weg gezeigt. Ich persönlich aber finde Weiden sehr positiv. Man hat der Weide nur deshalb einen schlechten Ruf angehängt, weil im Mittelalter Frauen Weidenblätterextrakt als Verhütungsmittel tranken und dies der Kirche ein Dorn im Auge war.

Lassen Sie, so gut es platzmäßig geht, unseren Freund, den Baum, auch in Ihre Wohnung, in Ihr Haus! Baumartige Pflanzen wie der Ficus benjamini, wie Palmen oder Bananen bringen Ihnen einiges an natürlicher Aura in Ihre vier Wände. Mehr auf jeden Fall als Schnittblumen, die, ihrer Wurzel beraubt, in der Vase nur noch eine kleine Galgenfrist verbringen dürfen. Bäume, egal welcher Art, beruhigen und schaffen Harmonie im Menschen.

Steine – voller Lebenskraft

Es sinkt etwas im Wasser wie ein Stein zu Boden, es liegt einem etwas wie ein Stein im Magen, wir haben Stolpersteine und müssen Steine aus dem Weg schaffen – was haben wir für negative Sprüche für den Stein gefunden! Aber nicht nur – es gibt ja noch den Stein der Weisen, und man hat bei jemandem einen Stein im Brett. Manches kann zum Steinerweichen sein, und wir können auch mal Stein und Bein auf etwas schwören. Letzteres ist übrigens Magie, man schwor hierbei auf den Altar und die Gebeine, die heilige Reliquien waren. Wenn wir allein unsere Sprache nehmen, zeigt sich, daß die angeblich so toten Steine lebhaft in unserem Sprachgebrauch vertreten sind.

Und auch hier gilt wieder: Es gibt keine Wertehierarchie. Das wäre ja noch schöner, wenn Menschen mit mehr Geld sich die teuersten und damit wirksamsten Edelsteine kaufen können und für die finanziell Schwächeren die wirkungsarmen Steine übrigblieben! Die kosmische Gerechtigkeit ist frei von solcher kalvinistisch anmutenden Moral. Sie gibt dem mehr, der sich um die nötige Erkenntnis bemüht. Wir bereiten uns also auch hier meditativ vor, wenn wir uns in der Natur auf Steine einstellen wollen – das sollte man übrigens auch zu Hause tun, bevor man einen Stein in die Hand nimmt.

Edelsteine und Halbedelsteine haben tatsächlich spezifische Wirkungen. Zu meinen liebsten gehört der Mondstein, der viel in Sri Lanka gefunden wird, leider wurde er relativ teuer in letzter Zeit. Er sorgt für Harmonie in der Partnerschaft und besitzt generell Kräfte, die Magie unterstützen. Der Mondstein ist ein Wasserstein: Alle drei Monate soll er eine Nacht in Wasser gelegt werden, das lädt seine Kräfte neu auf.

Auch der Lapislazuli ist ein guter Stein für den Partnerschaftsbereich. Ich kannte einen jungen Mann, der wegen extremer Kontaktprobleme zu mir kam. Ich entschied mich, ihm anstatt mit einem Ritual mit diesem Edelstein zu helfen, und gab ihm einen Lapislazuli, den er stets bei sich tragen sollte. Das half ihm nach einigen Wochen wirklich ganz toll, er konnte sich nun öffnen und fand bald eine Freundin. Auch Lapislazuli ist teuer, doch sehr wirksam.

Zum Amethyst rate ich kranken Menschen. Er hilft heilen. Mit einem Amethyst können Sie sich richtiges Heilwasser zubereiten: Kochen Sie den Stein zehn Minuten lang in Wasser. Trinken Sie das Wasser, wenn Sie zum Beispiel Magenbeschwerden haben, es hilft hervorragend. Kranke Hautstellen kann man mit dem Wasser betupfen. Schmerzende Stellen reibe ich mit dem Stein selbst ab. Die Wirkung von Kräutertees wird erhöht, wenn Sie den Amethyst eine Nacht lang in die Teeblätter legen.

Bernstein hat generell eine kräftigende und schützende Wirkung. Dieses verfestigte, uralte Harz ist ein ganz hervorragender Stein, ähnlich wie der Bergkristall, der reinigt und klärt.

Blutstein ist ein ausgesprochen weiblicher Stein. Ich lege ihn bei Menstruationsbeschwerden auf den Unterleib.

Das sind meine wichtigsten Steine der edleren Art. Jeder muß seine finden und herausbekommen, was nicht zu ihm paßt. Ich mag zum Beispiel Granat nicht besonders. Und der Jaspis, den ich mir einmal gekauft habe, ist zwar sehr schön geschliffen, aber er gibt mir nichts, ich spüre keinerlei Strahlung. Übrigens sehen edle Steine geschliffen zwar gut aus, die Wirkung ist meiner Meinung nach nicht besser. Beim Bergkristall ist es sogar umgekehrt: Der ungeschliffene ist der wirksamere.

Es müssen aber keine kostbaren Steine sein. Gut sind auch ganz »normale« Steine von Orten der Kraft, in Deutschland zum Beispiel von den vielen Keltenschanzen. Aber nehmen Sie dort nicht irgendeinen Stein! Es ist wichtig, daß Sie sich ganz darauf einlassen, daß Sie nicht eben »mal« einen Stein finden, sondern leise und mit viel Feingefühl herumgehen. Dann werden Sie von dem Stein gefunden! Das ist die Voraussetzung für mich. Ich muß genau spüren, daß der Stein zu mir gefunden hat, mich quasi herausgesucht hat.

Das kann durchaus auch eine andere Person für uns erledigen. Eine Freundin brachte mir beispielsweise aus einem Hexengebiet in Schottland einen Stein mit, bei dem sie gespürt hat, daß er zu mir wollte. Er ist schwarz, nicht eben schön und hat, wenn man genau hinsieht, ein Hexengesicht. Und er besitzt große Kraft. Bei wichtigen Terminen halte ich ihn immer in der linken Hand.

Steine brauchen den Körperkontakt. Wenn sie nur herumliegen, wirken sie nicht annähernd so gut. Lieber einen kleinen Stein am Körper als einen riesigen Bergkristall auf dem Wohnzimmertisch! Meine oben beschriebenen Lieblingsedelsteine trage ich immer bei mir, um den Hals und am Arm als Schmuck.

Die großen Zweifler, die immer noch behaupten, Steine seien tot, sollen sich mal Korallen genau ansehen! Sie sind wunderbar rot, auch wenn man sie als Kette am Körper trägt. Aber wenn man sehr krank wird, bleichen sie total aus, werden fast weiß. Später, wenn man gesund ist, kommt die rote Farbe wieder. Mit einigen Metallen ist es übrigens ähnlich. Bei mir oxidierte Gold stark, als ich schwanger war; und wenn ich krank bin, oxidiert Silber. An dieser Stelle erinnere ich auch an den alten Brauch von Bauern, die einen kleinen, goldenen Ohrring zur Erhaltung der

Sehkraft und zum Schutz der Augen vor Krankheiten tragen. Das funktioniert nachweislich bestens. Offenbar sind Menschen mit großer intensiver Kraft seit langem die richtigen Punkte am Ohr bekannt, die den Akupunkturpunkten entsprechen.

Nehmen Sie kraftvolle Steine auch ruhig mal mit zum Schlafen. Ich lege öfter einen Stein, der mich in Jerusalem fand, unter das Kopfkissen und träume dann viel tiefer und bedeutungsvoller. Und bei starken Rückenschmerzen lege ich Bergkristalle unters Kissen, drei Nächte lang. Dann sind die Schmerzen mit Sicherheit weg.

Nutzen Sie auch auf Spaziergängen, bei Ausflügen oder im Urlaub die Kraft besonders großer Steine oder Felsbrocken. Auf positiv wirkenden, sehr archaisch wirkenden Felsen sitze ich sehr gerne. Die Bäume sind gut zum Aufladen mit Odkräften, die Felsen eignen sich zum Erden, besonders in Zeiten, in denen man etwas Boden verliert. Eine besondere Felsengegend sind für mich die Dolomiten. Schon wenn ich sie von der Autobahn aus sehe, ziehen sie mich magisch an, da könnte ich glatt aus dem Auto springen vor Vorfreude.

14 Helfer im Kosmos: Rituale für den Kontakt zu Planeten

Das Universum ist ein Ozean ohne Ende; unendlich viele Planetensysteme mit jeweils unendlich vielen Planeten gibt es, etliche Lichtjahre breite »Mauern« aus dichten Gestirnkonstellationen mitten im All. Je weiter die Teleskope vordringen, desto winziger kommen wir uns selbst vor. Die Astronomie ist heute erstaunlich weit – die Astrologie war es erstaunlicherweise schon vor Hunderten von Jahren. Die heute praktizierte Astrologie ist sicherlich auf der einen Seite noch ausgefeilter und damit aussagefähiger geworden. Auf der anderen Seite ist sie auch komplizierter als früher. Was uns aber wichtiger erscheint: Die Ephemeriden, die alten planetarischen Tabellen, sind ein Problem. Das Sternbild hat sich seit Erstellung der alten Ephemeriden erheblich verändert, sogar neue Planeten wurden entdeckt. Es gibt mittlerweile neue Ephemeriden, aber mit denen richtig umzugehen, erfordert ein intensives Studium dieser ganz speziellen Materie. Weil diese oft mangelhaft beherrscht wird, gibt es so viele falsche Horoskope.

Die Konsequenz daraus heißt nicht, Astrologie abzulehnen. Im riesigen göttlichen Energiegeflecht – das vom gigantischen, oft nur noch in Millionen und Milliarden Lichtjahren erfaßbaren Makrokosmos bis hin zum Mikrokosmos reicht, den nicht einmal die extremsten Supermikroskope mehr erkennen können – spielen die mächtigen Planeten unseres Systems eine entscheidende Rolle. Sie zentrieren Abläufe, geben der Welt bis hin zum kleinsten Getier an Meeresufern Lebens- und Verhaltensstrukturen vor.

Wer sich hier traut, auch angesichts leicht veränderter Planetenbahnen Berechnungen anzustellen, muß meiner Ansicht nach ein absoluter Spezialist sein. Es gibt leider zu viele selbsternannte

Astrologen, die sich im Schnellkurs mit den Grundbegriffen der Astrologie vertraut gemacht haben und damit recht plakativ, also scheinbar kompetent umgehen können. Ich empfehle jedem, der ein aussagefähiges Horoskop haben will, etwas Geduld bei der Suche nach einem seriösen Astologen aufzubringen; es lohnt sich. Ich meine, angesichts der differenzierten und höchst aufwendigen Berechnungen, der Mühen, im heutigen Sternenbild Fehlerquellen auszuschließen, bedarf es für einen Esoteriker einer ziemlich ausschließenden Beschäftigung mit der Kunst der Astologie. Besonders die sogenannte »Astrologie des günstigen Augenblicks« erfordert genaues und wissendes Vorgehen, denn sie ist ja schon beim kleinsten Fehler in der Zeitpunktberechnung für den Klienten völlig wertlos. Ich habe mich mit diesem speziellen Bereich der Esoterik nicht weiter intensiv auseinandergesetzt, weil in meiner Struktur und der des Hexenkultes zwar die Prägnanz des Vorgehens, die Exaktheit durchaus eine Rolle spielt, nicht aber eine geradezu mathematische Umsetzung. Bei mir ist es mehr die intuitive Umsetzung grundsätzlichen Wissens.

Und dafür ist das grundsätzliche Wissen über die wichtigen Planeten sehr dienlich. Mittels astologischen Zeitschriften und Kalendern ist es leicht, sich über die aktuelle Stellung der großen Planeten und des Mondes zu informieren. Dies ist auch unbedingte Voraussetzung für die kabbalistischen Planetenrituale nach dem Hexenkult. Auch wenn wir um die haarkleinen astrologischen Berechnungen herumkommen: Vernachlässigen Sie diesen Punkt nicht, beachten Sie vor jedem Planetenritual die Stellung der Gestirne! Wie alles im magischen Bereich gestürzt werden kann, von der Rune bis zum Talisman, kann sich auch ein solches Ritual in der Wirkung umkehren, also starke negative Wirkungen nach sich ziehen – wenn der betreffende Planet unter ungünstigen Aspekten steht.

Vertrauen Sie übrigens auch ruhig der grundsätzlichen Kategorisierung der zwölf Tierkreiszeichen mit den jeweiligen Aszendenten! Trotz der Ephemeridenverschiebungen stimmen diese bis auf Grenzfälle im Grundsatz. Ich beziehe mich im Alltag darauf und weiß beispielsweise, daß Jungfrauen die besten Rechtsanwälte sind. Und ich weiß, daß dieses Buch auch viele Skorpione lesen werden, denn sie sind mit einem nicht leichten Karma in dieses Leben getreten, arbeiten stark an sich und sind deshalb auch besonders medial veranlagt. Wen es interessiert: Ich selbst bin Zwilling mit Aszendent Zwilling.

Für die kabbalistischen Planetenrituale ist es weniger wichtig, in welchem Zeichen man selbst geboren wurde. Es wird sich ohnehin bei jedem nach einiger Zeit ganz unbewußt eine besondere Vorliebe für einen bestimmten Planeten herausstellen, der dann auch zur eigenen Struktur paßt.

Grundsätzlich zelebrieren wir keine Rituale an Tagen, an denen die Angreiferplaneten Mars, Uranus, Pluto und Neptun stark wirksam auf den Planeten sind, zu dem wir unser Ritual feiern wollen. Als Angreiferplaneten gelten die genannten Planeten, wenn sie in problematischen Aspekten zu Sonne, Venus, Jupiter, Merkur und Mond stehen. Um die Aspekte festzustellen, besorgen Sie sich bitte gute astrologische Wochenzeitschriften oder einen astrologischen Kalender.*Dort sind für jeden Tag die Transite für die Planeten verzeichnet. Ihr Planet, zu dem Sie das Ritual zelebrieren wollen, sollte frei von Quadraten zu einem der Angreiferplaneten sein.

Von den fünf Ritualplaneten Sonne, Venus, Jupiter, Merkur und Mond nehme ich mit meinen Ritualen allerdings nur zu dreien regelmäßig Verbindung auf: zu Sonne, Venus und Merkur. Wobei der Planet der mächtige, im ewigen All seit Jahrmillionen rotierende Teil ist (die Sonne beispielsweise bewegt sich in 220 Millionen Jahren einmal um den Kern des Milchstraßensystems und rotiert alle 25 Tage um die eigene Achse, in derselben Richtung wie die Erde) und ich dagegen nur ein Staubkorn bin. Das bereitet mir keine Probleme, weil es hier nicht um gesellschaftliche Hierarchien geht und die kosmische Demut nicht unterwürfig ist, sondern nur sie zur Erkenntnis führen kann.

Darum muß ich die Planeten auch richtig ansprechen. Ein

---

* beispielsweise den »Astro-Kalender«, Verlag Petra Niehaus

Planetenritual darf nie zum Forderungskatalog ausarten. Wir wenden uns nicht an den Planeten und stellen Ansprüche, sondern wir danken für alles, was bisher so gekommen ist, daß es für uns gut war. Nur so wird noch mehr kommen. Wichtig ist die Würde des Rituals: meditative Stimmung, körperliche Reinheit und genaue Beachtung der Planetenfarben – das gilt für die Kleidung, für die Farbe der Kerzen, auch für eventuelle Decken oder andere Utensilien.

Wir suchen einen geeigneten Platz möglichst im Freien. Bei ungünstiger Wohnlage, im Krankheitsfall oder bei schlechten Wetterbedingungen kann das Ritual auch zu Hause durchgeführt werden. Dort sollte dann aber auch wirklich der entsprechende Rahmen geschaffen und besonders beim Venusritual darauf geachtet werden, daß nicht irgendwelche anderen, schrillen Farben im Raum die vorgeschriebene Farbe für das Ritual »erschlägt«. Gegebenenfalls muß eben ein leuchtendgelber Sessel aus dem Zimmer gestellt werden.

Bei jedem Ritual sprechen wir, wenn möglich, mit kräftiger Stimme. Wir sprechen den heiligen Engel und die Intelligenz des jeweiligen Planeten an, danach erst den Planeten und danken für die Kräfte, die wir bekommen haben. Wenn wir wollen, können wir nun von dem erzählen, was uns widerfahren ist, und auch sagen, was wir erhoffen – aber nichts fordern. Danach sollte eine Zeit der stillen Meditation erfolgen, die durch die Räucherung verstärkt wird. Wir stellen uns dabei den Planeten in einer uns angenehmen Form bildlich vor. Ich visualisiere die Venus dabei zum Beispiel als Frau, etwa so, wie sie Botticelli perfekt gemalt hat. Ich richte meine Imagination ganz auf einen Kontakt zwischen dem Planeten und mir, stelle mir ein nichtstoffliches Bild zwischen uns vor, wie einen Lichtstrahl, den man nicht sieht. Das ist kein Paradox, sondern existent: Der Sonnenstrahl, der unser Leben hier ermöglicht, ist auf seinem langen Weg durchs All nicht sichtbar. So kann auf unsichtbarem Weg ein Energieband höchster Intensität funktionieren.

Für jeden der vier für mich besonders positiven Planeten gibt es detaillierte Ritualregeln. Bitte dabei auch auf den Tag achten!

Das Ritual sollte an diesem Tag etwa zwischen neun Uhr am Morgen und bis spätestens Sonnenuntergang durchgeführt werden.

Zur Räucherung: Ich nenne teilweise die Zutaten, aber mehr zur Information. Früher war es ungeheuer schwierig, die Räucherungen zusammenzustellen: Viele Zutaten waren bei uns kaum zu bekommen. Heute sind für die folgenden Planetenbeschreibungen in jedem guten Esoterikladen sehr gute, fertig gemischte Räucherungen erhältlich; das gilt auch für die praktischen Holzkohletabletten, die sich ganz leicht anzünden lassen und unmittelbar große Hitze abgeben. Die Holzkohle sollte auf eine Sandunterlage gebettet sein; nicht Erde, sondern Sand, das ist wichtig.

DAS VENUSRITUAL
Engel: Anael
Intelligenz: Bne Seraphim
Tag: Freitag
Farben: Hellgrün, Lachsrot, Blau
Räucherung: Zusätzlich zum Venusweihrauch kann man getrocknete Rosen, Lilien oder Nelken nehmen.

Das Venusritual ist gut für die Harmonie aller Liebenden, für Liebeshoffnungen; außerdem sollte die Venus von allen kreativ Schaffenden, von Schreibern, Künstlern angesprochen werden; sie kann große Kreativkräfte freimachen.

DAS JUPITERRITUAL
Engel: Sachiel
Intelligenz: Jophiel
Tag: Donnerstag, nur bis siebzehn Uhr
Farben: Purpur, Burgunderrot, Bordeaux, dunkles Violett, dunkles Blau
Räucherung: Gute Räucherungen enthalten Safran.

Dem Jupiter wird im Ritual für gute Erfolge in Sachen Geld und Glück gedankt. Ein positiver Planet, dennoch mache ich das Jupiterritual sehr selten, wenn überhaupt nur für andere.

DAS MERKURRITUAL
Engel: Raphael
Intelligenz: Tiriel
Tag: Mittwoch
Farben: Aschblond, Grau, Hellgelb
Räucherung: Enthält viel Gewürznelke.

Merkur ist der Planet für Rede, Schrift, Kommunikation im weitesten Sinne, deshalb auch für Reisende und Händler. Ein guter Planet auch für Studenten.

DAS SONNENRITUAL
Engel: Michael
Intelligenz: Nachiel
Tag: Sonntag
Farben: Gold, Gelb, Orange
Räucherung: Enthält rotes Sandelholz, Gewürznelke, Balsamholz, Safran, Ambra – eine besonders gut riechende Räucherung.

Die Sonne gibt grundsätzlich Kraft, Harmonie und Lebensfreude. Sie schafft das Gefühl, alles leichter zu bewältigen, und hilft auf dem Weg zur Klarheit, zur Erkenntnis. Die Sonne sollte beim Ritual möglichst im Löwen stehen oder neunzehn Grad im Widder und von Venus und Jupiter gut aspektiert sein.

Das sind für mich die wichtigsten Ritualplaneten. Sehr selten mache ich ein Marsritual, und das natürlich nur, wenn der Mars in souveräner und nicht in zu aggressiver Angreiferposition ist, vor allem muß er frei vom Saturneinfluß sein.

DAS MARSRITUAL
Engel: Samael
Intelligenz: Graphiel
Tag: Dienstag
Farben: Zinnober-, Blut-, Ziegelrot und Lila
Räucherung: Kohle pur oder mit Pfefferkörnern.

Der Mars ist der Schutzplanet der Soldaten und Polizisten, der

Planet für den Sieg in Kampf und Streit, er ist auch gut bei Gerichtsprozessen. Er ist übrigens der Planet des deutschen Volkes, deshalb auch haben die Deutschen in jeder Beziehung gute Strategen und waren andererseits wiederum in ihrer Geschichte oft in furchtbare Kriege verwickelt.

Hier ein Ritual, das ich persönlich ablehne:

DAS MONDRITUAL
Engel: Gabriel
Intelligenz: Malcha Betharsisim Hed Beruha Schehakim
Tag: Montag
Farben: Weiß, Silber, Perl, Hellgrün
  Räucherung: Enthält im Original weißen Mohn.
  Viele Frauen verstehen den Mond als den weiblichen Planeten. Ich halte dieses Ritual jedoch für problematisch. Das Mondritual dient Heimlichkeiten, soll einen selbst vor Gefahren schützen und wird auch gemacht, wenn anderen geschadet werden soll. Das Mondritual kann sehr leicht umkippen, der eigene Schutz zur Bedrohung werden, weil der Mond schwer von allen Einflüssen freizuhalten ist und weil er beim Ritual an einem Montag drei Grad im Krebs stehen muß – ein höchst seltener Fall.

Und das war der Lieblingsplanet des großen Magiers Aleister Crowley:

DAS SATURNRITUAL
Engel: Chasiel
Intelligenz: Agiel
Tag: Samstag
Farben: Dunkelgrau, Dunkelgrün, Braun, Schwarz
  Räucherung: Enthält im Original schwarzen Mohn und Alraune (Mandragora) – damit eine Drogenräucherung, die bei uns nicht herstellbar ist.
  Der Saturn ist auch ein Schutzplanet, behütet vor Gewalttaten

und bösen Einflüssen, macht ausdauerhaft und sicher, gibt Macht – was Crowley, den Experimentierfreudigen, besonders interessierte. Aber die Konstellation, bei der das Saturnritual zelebriert werden darf, ist sehr selten: Saturn muß frei vom Mars und von der Venus sein, die ohnehin keine »Konkurrenz« verträgt; er muß bei zunehmendem Mond im Wassermann oder Steinbock stehen und von Jupiter sehr günstig bestrahlt sein. Kein einfaches Ritual. Aber Crowley hat geduldig auf diese Positionen gewartet.

Pluto, der Geld und Schutz bringen soll, ist ein neuerer Planet und gehört nicht zur alten Kabbala; ich habe mich deshalb nicht mit ihm näher beschäftigt.

15 Schwarze Magie: ihr nicht verfallen – sie nicht verdrängen

Wie kommt es, daß das Dunkle, Schwarze, Böse, Geheimnisvolle die Menschen meist stärker anzieht als das Helle, Gute, Offensichtliche?

Es gehört zum generellen Karma aller Menschen, verlockt, versucht, verführt zu werden. Der dunkle Pol in der Polarität, welche die irdische Manifestation kosmischer Energien ist, steht als Prüfstein vor uns. Vor jedem von uns. Wie wir mit diesem Pol umgehen, das macht einen guten Teil des Antriebs in unserem Leben aus – und zeigt schließlich unseren Entwicklungsstand auf. Es wird uns nicht leicht gemacht, der Verführung des dunklen Pols zu entgehen. Denn der Pakt mit den Schatten verspricht große Macht und schnellen Erfolg. Und er kommt in vielen hübschen Verkleidungen. So wie Satan selbst, die grundsätzliche Verkörperung des negativen Pols, stets als wandlungsfähiges Element, durchaus als reizvolles Wesen erscheint.

Das Helle, Gute, Positive dagegen ist die unendliche Energie. Voller Langfristigkeit in der Struktur, wirkt dieser Pol langsam, aber beständig. Um mit dieser sich wie eine langsam nach oben drehenden, lichtvollen Spirale im relativ kurzen Menschenleben zurechtzukommen, bedarf es einer geistigen Entwicklung, die zu einer ebenso weitsichtigen Erkenntnis führt.

Aber es gibt in unserem Leben keine Ausschließlichkeit. Der eine Pol bedingt immer den anderen. Wer positiv leben will, muß sich permanent mit dem Negativen auseinandersetzen. Ich kann das Licht nur sehen, wenn es auch Schatten gibt. Der Schatten ist letztlich zweitrangig, aber es muß ihn geben, um das Licht wirklich strahlen zu lassen. Auf diese Weise hat auch der Schatten seine Funktion. Und so sollten wir stets die Schattenseiten miteinbeziehen – aber ihnen nicht verfallen.

Wer als Hexe oder Magier intensiv weißmagisch arbeitet, hat und braucht andauernd neue Berührungspunkte mit der Schwarzen Magie. Darum kann ich mich nicht einfach von der Schwarzen Magie abwenden und so tun, als existiere sie nicht – dann würde sie über mich bald genauso stark Macht erlangen wie über die, die ihr in plumper Sensationslust erliegen. Und meine Weiße Magie würde auch nicht funktionieren, denn ich arbeite nicht im luftleeren Raum, sondern in der Welt voller Polaritäten.

Es wäre also nicht richtig, als spirituell denkender und wirkender Mensch nur den positiven Pol zu sehen oder als Hexe nur die Weiße Magie zu erkennen. Es ist dagegen wichtig, alles zu sehen – beide Pole –, und klar zu wissen, zu welchem Pol man selbst in der beständigen Auseinandersetzung der Pole gehört. Das ist wahre Überlegenheit.

Der vielfach falsch verstandene große Magier Aleister Crowley wußte dies. In meinem Sinne war er in seiner grundsätzlichen Zielrichtung absolut ein Weißer Magier. Aber ihm war klar, daß er sich gerade dann mit der Polarität auseinandersetzen mußte, wenn er mit seinem Leben näher an die großen universalen Gesetze kommen wollte.

Sein grundsätzliches Werk ist das »Liber Al vel Legis«, das Buch des Gesetzes. Er schrieb es im April 1904 in nur drei Tagen nieder – eine nichtstoffliche Intelligenz, sein Schutzgeist namens Aiwass, hatte es ihm diktiert. Der Text ist nicht leicht zu verstehen und weist zweitausend Jahre in die Zukunft. Es ist ähnlich komplex wie die Verse des Nostradamus. Crowley war ein Mensch, der sich wenig darum geschert hat, wie sehr ihn Menschen mißverstehen. Schon sein elementarer Satz »Tu was du willst, sei das ganze Gesetz, Liebe ist das Gesetz, Liebe unter Willen« bietet reichlich Stoff für Mißverständnisse. Viele wissen nicht, daß anfangs nur der erste Teil des Satzes existierte: »Tu was du willst, sei das ganze Gesetz.« Den zweiten fügte Crowley später hinzu. Für manche sieht das nun so aus, als spreche Crowley zwar von Liebe, aber von einer sehr egoistischen. Und auch von einer Liebe, die sich absolut dem Willen unterordnet.

Solche Mißverständnisse bringen manche interessierten Menschen dann schnell dazu, Crowley ganz abzulehnen. Oder er wird von nur an Schwarzer Magie Interessierten geradezu vergöttert.

Man muß Crowley in Ruhe entschlüsseln, was zugegebenermaßen auch nicht einfach ist. Hier muß man beispielsweise wissen, was mit dem Wollen und dem Willen gemeint ist. Wenn wir nämlich wirklich das tun, *was wir wollen*, dann tun wir nicht mehr das, was andere Menschen zu ihren eigenen Gunsten von uns erwarten, auch nicht das, was uns gerade so einfällt, sondern wir tun ganz grundsätzlich das, wofür wir universal bestimmt sind. Dieses Wollen ist also die individuelle Erfüllung unserer kosmischen Bestimmung. Denn natürlich sind wir nicht alle gleich, nur weil wir einer universalen Energie unterstehen, der uns anzupassen wir wieder lernen wollen.

»Liebe unter Willen« ist für mich nichts anderes als eine Liebe, die sich dem großen kosmischen Gesetz unterordnet, die nach den Gesetzen des Alls, in dem Gott und Göttin als harmonische und ewige Kräfteströme fließen, wirkt. Das ist Liebe, wie sie auch der Hexenglaube wünscht.

Erhellend ist dazu auch Crowleys Vers »Diese sind Narren, die Menschen anbeten; sowohl ihre Götter wie auch ihre Menschen sind Narren«. Auch hier kommt zum Ausdruck, daß wir uns nicht irgendwelchen selbstgestrickten Vorstellungen einer – vorwiegend von Männern beherrschten – Menschenwelt unterzuordnen haben. Und daß wir die Götterbilder genau prüfen müssen, weil diese nämlich oft genug nicht einer universalen und demütigen Erkenntnis entspringen, sondern für ganz egoistische Zwecke bestimmter Menschengruppen konstruiert wurden – im Kapitel über die Kirche sagte ich mehr dazu (vgl. S. 58 f.).

Crowley hat also verdeutlicht, daß falsche Unterordnungen der Weg zum falschen Pol sind. Viele Menschen, die sich weniger die Mühe machen, den wirklich beschwerlichen Weg der spirituellen Erkenntnis einzuschlagen, sondern eher an spektakulären okkulten »Spielen« interessiert sind, suchen sich aus Crowleys Texten nur ein paar Passagen heraus, die, ganz oberflächlich und aus dem Zusammenhang herausgerissen betrachtet, stark nach Schwarzer Magie aussehen. Etwa Sätze wie: »Die, die dich zu überlisten versuchen, die greife an ohne Mitleid oder Gnade und vernichte sie vollständig. Wende dich schnell wie eine getretene Schlange und schlage zu. Sei noch tödlicher als sie. Zerre ihre Seelen herab zu schrecklicher Qual!«

Nach meinem Verständnis ist dies in keiner Weise als Freibrief oder gar als Aufforderung zu schwarzmagischen und aggressiven Ritualen zu verstehen. Es ist ganz einfach die heftige Auseinandersetzung mit dem Bösen, der man nicht ausweichen kann. Gerade wir Hexen wissen aus unserer leidvollen Geschichte jahrhundertelanger Verfolgung, daß wir soviel Kraft wie möglich brauchen, um das Böse abzuwehren. Damit ist aber nicht gesagt, daß wir das Böse selbst initiieren, wie es manche schwarzmagischen Logen völlig gedankenlos tun, die eher aus modisch-okkultem Trend denn aus altem Wissen heraus entstanden sind.

Schauen wir uns noch zwei andere Zitate aus Crowleys Buch des Gesetzes* an, dann wird klar, wie sehr dieser große Magier sich bewußt mit dem schwarzen Pol auseinandersetzte, um letztlich zum positiven Pol voller Kraft zu finden: »Siehe! Die Rituale der alten Zeit sind schwarz. Die schlechten sollen verworfen werden, die guten sollen vom Propheten gereinigt werden. Dann wird dieses Wissen richtig werden.«

Und folgender Satz, der wie eine grundsätzliche philosophische Einstellung Crowleys klingt, bestätigt mit Sicherheit nicht die tief destruktive Weltanschauung gewisser schwarzer Hexen und Magier: »Denket alle daran, daß die Existenz reine Freude ist, daß alle Sorgen nur wie Schatten sind, sie vergehen und sind vorbei; doch da ist das, was bleibt.«

Ist das nicht ein gefühlvoller Crowley?

Natürlich war Crowley auch ein obszöner und bis zum Bersten exzessiv lebender Mensch. Er wollte Grenzen austesten. Ich spüre ihn manchmal über mir, wenn ich Karten lege; da macht er reichlich geschmacklose Bemerkungen und verhöhnt mich auch,

* Verlag Stein der Weisen, Clenze

wenn mir die Karten einmal keine Antwort geben. Er hat gewiß nichts mit dem heutzutage modischen allzu sanft-säuselnden New Age zu tun, sondern erkannte, daß das Leben in vollen Zügen gelebt werden muß. Das verlieh ihm zumindest auch die Kompetenz, sich über die schwarzen Seiten des Lebens und der Magie zu äußern.

Man soll sich also als Hexe und Magier nicht mit dem Ausdruck von Abscheu und Empörung von der Schwarzen Magie abwenden und dadurch verwundbar werden. Ich habe Crowley vielmehr so verstanden, daß ich die Schwarze Magie lernen, sogar beherrschen muß, denn sie diente in vielen Völkern zur Abwehr von Angriffen. Ich spüre oft, wie ich von irgendwelchen mißgünstigen Menschen attackiert werde, und mache meine Aura stark dagegen. Wenn so eine Offensive jedoch zu intensiv werden würde, müßte ich dann durchaus zu einem schwarzen Gegenritual greifen. So offen ich das hier sage, sosehr möchte ich aber auch betonen, daß dies wirklich der absolute Ausnahmefall wäre, der mir zum Glück seit sehr, sehr vielen Jahren nicht mehr passiert ist. Und: Diese Art von Abwehr betrifft tatsächlich nur Hexen und Magier, denn nur diese können mit ganz bestimmten Techniken der übelsten Schwarzen Magie so sehr angegriffen werden, daß sie diese Abwehr brauchen. Hier geht es um Energiebereiche, die keinen »normalen« Menschen tangieren können.

Ich halte jedoch gar nichts davon, wenn angeblich »spirituell« interessierte Menschen schwarzmagische Rituale mit Gruseleffekt auf die Schnelle erlernen und nach Bedarf ausprobieren wollen. An anderer Stelle habe ich schon betont, wie leicht der Ungeübte durch kleine Fehler bei solchen Ritualen in üble Situationen geraten kann. Die Schwarze Magie, die er gegen jemanden aussenden will, kann sich voll gegen ihn richten. Oder es kann passieren, daß versehentlich niederste Elemente aktiviert, angerufen und angezogen werden, die einen dann besetzen, und die nur unter größtem rituellem Aufwand wieder beseitigt werden können.

Wie oft hört man von Menschen, die völlig »durchgeknallt«

sind, weil sie sich mit Okkultismus beschäftigen. Der Normalbürger unterliegt hier stets einem logischen Kurzschluß: Er glaubt in solchen Fällen, ein Mensch müsse überspannt sein, wenn er sich mit so etwas scheinbar Unsinnigem wie Okkultismus abgibt. Okkultismus kann extrem hohe Energien auslösen, die, wenn die Vorgehensweise nicht hundertprozentig beherrscht wird, sich gegen den »Täter« selbst richten und somit seine Psyche angreifen können. Wer versehentlich oder absichtlich niederste Elemente ruft und von ihnen schließlich besessen wird, wirkt auf die Umwelt nach einiger Zeit tatsächlich »verrückt«.

Aus diesem Grund wäre es unseriös und unverantwortlich von mir, in diesem Buch hochwirksame schwarzmagische Rituale zu beschreiben. Ich zeige einige Schutzmechanismen auf, für den Fall, daß sich jemand mental-spirituell bedroht fühlt; ich bitte Sie herzlich und dringend, künftig nur mit weißmagischen Ritualen zu arbeiten. Ich weiß, daß es Bücher mit ausschließlich schwarzmagischen Ritualbeschreibungen zu kaufen gibt; aber ich kann nicht oft genug vor solchen Experimenten warnen. Kein Mensch etwa käme auf die Idee, eine Bombe entschärfen zu wollen, wenn er nicht die jahrelange Spezialausbildung dazu hat. Die Arbeit mit starken Ritualen besonders im schwarzmagischen Bereich aber gleicht dem Hantieren mit einer Bombe. Selbst ganz einfache, scheinbar harmlose »Spiele« wie die geistige Arbeit mit Runen oder dem Pendel sind mit Vorsicht zu genießen. Beidesmal sollte nur bei Tag, ohne jegliche negative Gedanken, nur mit positiven Wünschen und Fragen gearbeitet werden. Sonst kann es schon hierbei passieren, daß Elemente gerufen werden, die einen unglücklich machen können.

An diesem Punkt auch ein Wort zu Drogen. Es wird immer wieder ins Feld geführt, Drogen hätten doch bei allen Magiern, Schamanen und Hexen eine Rolle gespielt. Das stimmt. Aber man muß hier die ganze Wahrheit erzählen: Ob in Asien, bei den Indianern oder den Hexen Mittel- und Osteuropas: Entsprechend dem besonderen Wissen über die kosmischen Manifestationen in der unendlich reichen Natur wurde auch mit Drogen, mit Pflanzen gearbeitet, die Bewußtseinszustände verändern können. Aber: Sie wurden in genau kontrollierten Dosierungen genommen und nur ganz selten, um bei speziellen Ritualen in einem vertieften Bewußtseinszustand besser energetische Ziele visualisieren zu können. Da ging es also um eine aktive Handlung in tiefer Meditation. Dies hat rein gar nichts mit dem exzessiven Drogenmißbrauch zu tun, wie er mittlerweile weltweit verbreitet ist. Ein Mißbrauch, der jegliche eigene Aktivität erstickt, die Sinne abstumpft, schließlich Körper und Geist zerstört. Das ist das volle Gegenteil jeglicher Spiritualität.

Ich spreche das Thema so deutlich an, weil ich genau weiß, daß viele – besonders Jugendliche – sich angesichts einer durchtechnisierten Welt ohne Geheimnisse und ohne schöne Wertvorstellungen stark zur Schwarzen Magie hingezogen fühlen und dann auch meist zum Drogenkonsum neigen. Ich habe Mitte der achtziger Jahre über längere Zeit den Versuch gemacht, »Lehrlinge« in die Geheimnisse der Magie einzuführen. Dabei hatte ich wirklich das schöne Vorhaben vor Augen, mein Wissen weiterzugeben. Ich handelte aus der Überzeugung heraus, daß der magische Weg manche Irrwege der Menschen korrigieren helfen könnte und deshalb verbreitet werden muß.

Ich hatte ein halbes Dutzend junger Frauen und Männer um mich, die ich in Ritualen unterrichtete und deren Sensitivität ich fördern wollte. Nach einiger Zeit stellte sich jedoch heraus, daß sie fast alle nur an Schwarzer Magie interessiert waren und Drogen konsumierten. Sie besorgten sich entsprechende Bücher und erwarteten dann von mir, daß ich ihnen bei den Ritualen half, vor denen sie doch ziemliche Angst hatten. Das lehnte ich strikt ab und löste kurz danach die Gruppe auf. Diese Erfahrung hat mich übrigens in keiner Weise desillusioniert – weil ich keine Illusionen habe, vielmehr aber weiß, daß der negative Pol anfangs die viel größere Anziehungs- und Durchsetzungskraft hat – aber nicht den langen Atem wie der positive Pol. Aus diesem Wissen heraus gibt es für mich auch keine Resignation.

Ich bin der Meinung, wir Hexen brauchen keine Drogen. Die Gefahr des Mißbrauchs ist viel zu groß. Und die magischen

Erkenntnisse früherer Hexen und Magier, die möglicherweise unter Einfluß solcher Pflanzen gewonnen wurden, liegen uns ja vor; wir brauchen keine »Stoffe« mehr, um diese zu erarbeiten, sondern den feinfühligen Verstand, sie zu nutzen. Für die Anwendung der alten magischen Erkenntnisse bei Ritualen benötigen wir dann nichts mehr als die Fähigkeit einer tiefen Entspannung, einer Meditation, welche uns die innere Konzentration auf das Ziel des Rituals ermöglicht. Spezielle Entspannungsmethoden, vom autogenen Training bis hin zur transzendentalen Meditation, sind heute überall zu erlernen (vgl. dazu auch S. 129 f.).

Daß in früheren Zeiten Magier und Hexen im Alter allmählich doch ziemlich oft drogensüchtig wurden, hat eine relativ einfache Erklärung. Stark medial veranlagte Menschen, die tief in die Magie gehen und dafür auch entsprechend große Kräfte haben, sind auffällig oft Asthmatiker. Warum das so ist, weiß ich nicht genau. Ich nehme an, daß die übergroße Sensitivität, dieses Antennesein für allerfeinste Schwingungen, verletzlicher macht. Und gerade der Atem spielt in der energetischen Kommunikation nach außen eine starke Rolle. Auf jeden Fall leide auch ich seit meiner Jugend an Asthma. Heute gibt es dagegen viele wirksame Medikamente, früher waren die Mittel gegen Asthma jedoch starke Drogen. Crowley war ebenfalls schwer asthmakrank und wurde später bekanntlich auch ein starker Drogenkonsument. Darunter haben dann auch seine magischen Kräfte im Alter erheblich gelitten.

Mit Entspannungsmethoden, die so gut sind, daß man in eine Selbsthypnose, in eine Trance kommen kann, lassen sich ebenso tiefe Bewußtseinsveränderungen bewirken wie mit vielen Drogen. Nur: Bei Drogen stellt sich der Effekt sofort ein, Drogen sind eine Konsumware mit sofortiger Wirkungsgarantie. Die selbsterzeugten Alphazustände dagegen brauchen etwas Lernzeit, Geduld, haben aber dann große Wirkung, weil das Gleiten ins tiefe Innere und danach ins sonst unsichtbare Äußere durch eine wirkliche Bereitschaft aller Sinne erzeugt wird. Da spielen dann die linke Hirnhälfte – zuständig für geradliniges, logisches, analytisches Denken – und die rechte – zuständig für Gefühle, Kreativität und Intuition – in einer wunderbar harmonisierten Zielrichtung zusammen.

Schwarzmagische Logen arbeiten häufig mit Drogen. Wie viele solcher Logen in Deutschland mittlerweile existieren, weiß niemand. Es gibt in diesem Bereich eine ganze Menge selbsternannter Meister und Vorstadtmagier, die nichts mit klassischen Logen zu tun haben. Die betreiben Magie nach ihren oft sehr unvollkommenen Vorstellungen, was jedoch gefährlich ist. Äußerlichkeiten vollziehen sie zwar nach alten Riten, jeder Neuaufgenommene erhält Dolch, Kelch und Spiegel – den Dolch zum Töten, den Kelch zum Trinken von Blut oder Wein bei Ritualen, den Spiegel als magischen Spiegel zum Visualisieren. Aber allein die Gerätschaft macht noch lange keine gute Hexe aus! Schwarze Logen halten sich auch nicht an die eherne Regel, daß niemand unter fünfundzwanzig Jahren magische Rituale, ob weiße oder schwarze, selbst initiieren darf. Erst ab diesem Alter kann man in klassischen Logen Adept, Schüler, bei einem Meister werden, weil vorher die persönliche Entwicklung noch nicht weit genug ist, um äußere und innere Kraft, Seele und Geist richtig zu koordinieren.

Auch halten sich diese nicht ernst zu nehmenden Magier und Hexen nicht an die Regel, ab dem fünfundsechzigsten Lebensjahr keine Rituale mehr zu zelebrieren. Ich werde nach fünfundsechzig keine großen Rituale mehr machen. Ab diesem Alter läßt mit der äußeren auch die innere Spannkraft nach, und die Energien können nicht mehr in der nötigen Weise auf das Ziel des Rituals hin gebündelt werden.

Oft wird vor Schwarzer Magie mit dem Argument gewarnt, sie käme dreifach auf einen selbst zurück. Das klingt wunderbar abschreckend, aber es stimmt so einfach nicht. Auf Schwarze Magie sollte man auch nicht aus Angst, sondern aus menschlicher Vernunft verzichten. Mit der schwarzmagischen Energie verhält es sich so: Man schickt, meist potenziert durch ein Ritual, einen Gedanken los, eine auf ein Ziel gerichtete Energie, die schaden soll. Wenn jedoch der Mensch, der das Ziel der bösen Gedanken ist, sich entsprechend geschützt hat, kommt die Energie wieder zu einem selbst zurück. Es ist also ein Lotteriespiel – die böse Energie kann einem selbst schaden oder auch nicht, ohne daß man das vorher genau weiß. Übrigens gehört es in klassischen schwarzen Logen zum Ehrenkodex, schwarze Rituale vorher anzukündigen, um die Wirksamkeit zu beweisen.

Schwarze Magie kann also tatsächlich zu Besessenheit führen. Sie ist aber auch der Teil der gesamten Magie, der am ehesten zu einer völlig falschen Auffassung der Esoterik führen kann, nämlich zu einer fast hysterischen Introvertiertheit. Jede Form von Esoterik soll lebensfähiger, offener, stärker machen, soll zum richtigen Umgang mit allen Kräften und damit zu einem souveräneren Leben führen. Abhängigkeiten von Menschen oder auch irrwitzigen Vorstellungen dagegen werden von Esoterik-Kritikern mit Recht an den Pranger gestellt. Ich habe es leider speziell bei manchen Frauen erlebt, daß sie sich so extrem in die Schwarze Magie hineingesteigert haben und dann permanent Dinge erzählten wie »Ich gehöre dem Satan«. Diese Frauen befanden sich in einem sehr kritischen Stadium. Nochmals in aller Deutlichkeit: Sich grundsätzlich über Schwarze Magie zu informieren, das halte ich für richtig, sie aus Neugier, Sensationslust oder anderen Gründen zu betreiben, davon rate ich dringendst ab!

Neben dem Auraschutzritual, das ich im Kapitel »Alltagsrituale« beschreibe (vgl. S. 82), praktiziere ich bisweilen einen Schutz gegen schwarzmagische Einflüsse, der vielleicht für eine Hexe erstaunlich erscheinen mag: Ich bete zu Jesus und betone am Ende ganz stark das Wort Amen. Ich bete dabei nicht im kirchlichen Sinne, sondern zu Jesus als dem ursprünglichen, sehr magischen Menschen. Und ich bete laut, weil dadurch die starken Worte *Amen* – es ist eng verwandt mit *OM* – und *Jesus* eine intensive Schutzwirkung haben.

Was ins Auge fällt. Sosehr die christliche Kirche offiziell Magie als schlimmen Okkultismus beschimpft, sosehr bedient sie sich einer ganzen Menge alter magischer Rituale, vom Weihrauch angefangen bis hin zu den starken Worten wie *Amen*. Die katholische Kirche weiß eben sehr genau um die Kräfte der Magie.

Ich persönlich hoffe sehr, daß sich Menschen mehr mit Weißer Magie beschäftigen, um den Einklang mit der Natur, dem Kosmos besser zu erreichen und so zur wahren Kreativität im Leben zu finden. Das geht nicht mit dem schwarzmagischen Weg, der in eine Sackgasse führt. Und doch gehen viele in diese hinein. Mir drängt sich das Gefühl auf, daß etliche, die ganz begierig auf schwarzmagische Zeremonien sind, erhebliche Probleme mit ihrem Ego, ihrer Persönlichkeit haben. Das ist aber eine ganz schlechte Voraussetzung für jegliche magische Arbeit. Mit innerer Zentriertheit ist dagegen viel zu erreichen – viel Schönes: Ich bin auf dem weißmagischen Weg in den vergangenen Jahren eine Stufe weitergekommen und kann auf vorher nie geahnte Weise meine Heilkräfte auf mentalem Weg einsetzen.

16 Heilenergien im Alphazustand

Haben wir erst einmal die wahren Prinzipien erkannt, die unsere Welt leiten, wissen wir zwangsläufig, was eine wirklich heile Welt im ursprünglichen Sinne ist, und auf welchen Wegen sie heil bleiben beziehungsweise heilen kann. So werden wir selbst heiler. Und auch Heiler.

Da die Grundprinzipien gleich sind, können sie auch auf unser kleines Lebensumfeld angewandt werden. Wir können unsere Wohnung heil halten, wir können unseren Garten heilen. Und uns selbst und andere Menschen.

Sicher gibt es quantitative Unterschiede, weil jeder Mensch für seine unterschiedlichen Aufgaben auch unterschiedliche Strukturen mitbekommen hat. Aber trotzdem sage ich: Heilen kann prinzipiell jeder.

Ich habe schon als Kind von meinen Kräften erfahren und von da an einen langen Weg der Entwicklung durchgemacht, um mit diesen Kräften sinnvoll umzugehen. Nach und nach näherte ich mich so dem Thema Heilen von Menschen. Kranke gesund zu machen oder zumindest ihre Leiden zu lindern, ist für mich eine sehr hohe Aufgabe der Weißen Magie, die auf unterschiedlichste Weise durchgeführt werden kann, die jedoch – unser Grundthema – letztendlich stets auf dieselbe Weise wirkt. Zu mir kommen Menschen mit zahlreichen Problemen, und es sind sehr viele dabei, die an manifesten Krankheiten leiden. Sicherlich kann ich denen einiges von den Zusammenhängen erklären, die zur Krankheit geführt haben, daß nichts von nichts kommt, daß, wenn sie bei einem anderen Erkenntnisstand anders gedacht und gelebt hätten, diese Krankheit sie womöglich verschont hätte.

Ich rate in diesem Zusammenhang zur Lektüre des hervorragenden Buches der Autoren Thorwald Dethlefsen und Rüdiger

Dahlke, »Krankheit als Weg«*. Dieses Buch zeigt an etlichen Krankheitsbereichen die Zusammenhänge von Ursache und Wirkung auf. Manche belasten sich freilich nach seiner Lektüre mit Schuldgefühlen. Das ist weder richtig im Sinne der Autoren noch der Esoterik überhaupt, sondern entspringt wieder den verkehrten moralischen Normen, die ich ja schon mehrmals angesprochen habe. Es geht hier nicht um Schuld, sondern ausschließlich um Erkenntnis, die hilft, heiler mit sich und der Welt umzugehen und damit künftig mehr Glück und Wohlbefinden zu erfahren.

Im akuten Fall muß ich parallel dazu handeln, helfen. Denn wer unter extrem schmerzhaften Gallenkoliken leidet, hat sicher nicht die innere Ruhe, sich um die Erweiterung seines esoterischen Erkenntnisstandes zu kümmern.

Mit der Schulmedizin will ich mich an dieser Stelle nicht weiter auseinandersetzen. Jeder weiß um die große Diskussion zwischen schulmedizinischen Methoden und denen der alternativen Medizin im weitesten Sinne. Richtig wäre meiner Ansicht nach ein positives Zusammenspiel aller Seiten, und es gibt glücklicherweise schon gute Anzeichen dafür, daß die gegenseitigen Verketzerungen aufhören. Ich habe beim Voodoo erstaunliche Heilungen erlebt, hatte schon früher selbst mit Ritualen auch in diesem Bereich gute Erfolge, aber ich selbst gehe in bestimmten Fällen durchaus zu Schulmedizinern, wo ich oftmals sehr gute Behandlungen erhalten habe. Niemand sollte sich und seine Kenntnisse für den Mittelpunkt der Welt halten, sondern sich vielmehr bemühen, die jeweiligen Fachkenntnisse fruchtbar in den allgemeinen Entwicklungsstand einzubeziehen.

Die große Rolle, welche die Imagination in der Magie spielt, zum Beispiel beim zielbewußten Meditieren im Ritual, ist auch Element meiner Kraft beim Heilen. Ähnlich dem System der Imagination, bei der ich ohne Außeneinflüsse ein starkes Energieband zwischen mir und meinem Ziel knüpfe, gehe ich bei

* Goldmann Tb. Nr. 11472

meiner Arbeit vor, Kranken zu helfen. Seit Mitte der achtziger Jahre wende ich dabei als sehr hilfreiche Unterstützung, meine Kräfte optimal einzubringen, die Silva-Methode an. Verkürzt gesagt ist dies eine Technik der Tiefenentspannung, in welcher Ziele visualisiert werden. Diese Methode kann übrigens jeder lernen, es gibt in Deutschland jährlich zahlreiche Seminare dafür.*

Ich habe mein ganzes Leben lang mit Interesse Techniken und Übungen zur Selbstentfaltung verfolgt, weil sie ja zur erweiterten und positiven Weltsicht und zur Sensibilisierung beitragen können. Ich stoße mich aber stark an den Richtungen, die ein plattes positives Denken propagieren. Das kann Gefahren in sich bergen: Wer sich ein Riesenschild übers Bett hängt mit der Aufschrift »Mir geht es täglich besser und besser« und sich ausschließlich positive Vorstellungen erlaubt, der verdrängt den Teil seiner Persönlichkeit, der die Gegenpole bildet, das Negative in uns, die Charaktereigenschaften und Angewohnheiten, die wir an uns selbst nicht ausstehen können, vielleicht sogar die eigenen körperlichen Unzulänglichkeiten bis hin zu Krankheiten. Das geht gegen alle ernsthaften esoterischen Auffassungen, wie sie auch der Hexenkult sieht, der nur das Ganze – inklusive aller Polaritäten – als heil betrachtet. Rein horizontales Denken kann nur eine begrenzte Zeit funktionieren, bis dann all das Verdrängte sich in einer großen negativen Explosion auf verheerende Weise Luft macht.

In der Silva-Methode wird ebenfalls »positiv« gedacht. Das tun wir in der reinen Hexenmagie ja auch: Indem wir uns stetig mit der Auseinandersetzung der Pole beschäftigen, wissen wir, auf welcher Seite wir zu stehen haben, wo wir unsere Kräfte einsetzen müssen. Dieser Gedanke hat mich auch auf der Suche nach einer modernen Methode geleitet, um intensiver mit Imagination arbeiten zu können. Transzendentale Meditation ist sicher

* Auskünfte über: Brigitte Zimmermann-El Nagar, Postfach 29 48, 1 Berlin 30 und Sabine Morgenthal, Postfach 2004 29, 1 Berlin 20, für Österreich und die Schweiz: Albert Haller, Neubaustr. 26, A-4400 Steyr. Vgl. José Silva/Robert B. Stone; Der Heiler in dir. Goldmann Tb. Nr. 12069

dafür geeignet; auch wer autogenes Training sehr gut beherrscht und lange genug geübt hat, kann damit in tiefe Bewußtseinszustände gelangen und dann imaginativ arbeiten. Ich selbst war auf der Suche nach einer ganz klaren Methode, mit der ich nach meiner bisherigen langen Entwicklung als Hexe über Rituale, Kartenlegen und Numerologie hinaus meine Energien über neue Kanäle einsetzen konnte. Ich stellte fest, daß sich die Silva-Methode hervorragend eignet. Sie arbeitet nicht horizontal, sondern vertikal, geht in die Tiefe.

Hier in Kürze das Prinzip: Ich muß auf die Grundstufe gelangen; aus dem Wachzustand, in dem mein Gehirn auf Betawellen arbeitet, gehe ich auf die ruhigen Alphawellen herunter. Das mache ich, indem ich mich von drei bis eins und danach von zehn bis eins herunterzähle, eine Methode, die sich auch in manchen Bereichen der Hypnose findet. Im Sitzen – es geht ja um konzentrative Tiefenentspannung, nicht um eine Einschlafübung, (allerdings bietet die Silva-Methode auch beeindruckend einfache Techniken gegen Schlafstörungen an) – atme ich tief und visualisiere jeweils beim Ausatmen die Zahlen: dreimal die Drei, dreimal die Zwei, dreimal die Eins. Dabei muß ich mich weder anstrengen, noch verkrampfen: Ich bleibe locker und lerne, mich überall und jederzeit aus eigener Kraft *leicht* entspannen zu können.

Auf der Grundstufe eins angelangt, baue ich mir einen Bildschirm. Das kann man sich ruhig konkret vorstellen: etwa wie einen riesigen Fernsehschirm oder eine Kinoleinwand, die erst dunkel ist und auf die ich Szenen projiziere. Um sie zunächst in Gang zu bringen, steuere ich anfangs; später kommen sie von selbst, entsprechend den Lebensthemen, die mich gerade besonders beschäftigen. Hier sehe ich mich selbst agieren – wenn auch nicht immer auf sympatischste Weise. Der Grund: In der Silva-Methode tauchen wir tief in unser Selbst ein und stoßen auch auf eine Menge nicht weggeräumten Unrats. Der innere Bildschirm ist ein phantastischer Weg zur Selbsterkenntnis!

Anschließend gehe ich noch tiefer, zähle mich von zehn auf eins herunter und gerate in den tiefsten Alphazustand, der schon am Rand zum Thetazustand liegt. Reine Thetahirnwellen werden bei tiefer Bewußtlosigkeit gemessen, man muß also hier sehr korrekt geübt haben, um nicht ganz abzurutschen. Aus diesem Grund ist die Silva-Methode auch nicht geeignet für Drogen- oder Alkoholabhängige, ebensowenig für Menschen, die ständig unter Psychopharmaka stehen. Sie kann jedoch auf lange Sicht gesehen in diesen Fällen sehr hilfreich sein, jedoch nur unter peinlich genauer Kontrolle durch Übungsleiter, der anfangs beim Programmieren hilft.

Alpha am Rand zu Theta ist die Tiefe, in der ich auf der Ebene kosmischer Energien arbeiten kann. In dieser Tiefe erschaffe ich mir – ebenfalls Teil der Silva-Methode – ein eigenes Laboratorium. Jeder kann sich dieses Laboratorium imaginieren, wie er will. Depressive Menschen haben meist einen trüben Raum ohne Fenster, fröhlicheren Personen erscheint automatisch ein Laboratorium, das schön eingerichtet ist und Blicke nach draußen, in die Natur, ermöglicht. In dieses Laboratorium muß ich mir eine Grundausrüstung imaginieren, zu der ein Schreibtisch mit bequemem Sessel, eine Kartei mit männlichen und weiblichen Namen, ein Kalender, eine Uhr, verschiedene Medikamente und Instrumente sowie ein geistiger Bildschirm der oben beschriebenen Art gehören. Die Ausrüstung ist nötig, um auf vielfältige Art mit Situationen umgehen und Änderungen einleiten zu können.

In diesem Laboratorium schaffe ich mir zwei Ratgeber, mit denen ich kommuniziere. Diese Ratgeber erscheinen von selbst, und es gibt dabei die merkwürdigsten Dinge. Es können Indianer sein oder alte Frauen. Es kann auch vorkommen, daß sich un- gute Ratgeber einschleichen, die man dann wieder wegschickt. Ich habe das einmal gemacht, und exakt derselbe Ratgeber erschien dann in der Silva-Tiefenentspannung, die mein Lebens- gefährte zur selben Zeit neben mir machte. Er beschrieb mir den unangenehmen Ratgeber danach: Es war der, den ich bereits weggeschickt hatte. Für mich ist dieses Hinüberwitchen des unerwünschten Ratgebers ein deutliches Zeichen für die Kraft der Energien. Und dafür, daß die Ratgeber durchaus auch nichtstoffliche Geistwesen sein können, was natürlich nicht zum »normalen« Silva-Mind-Lehrstoff gehört.

Das Silva-Mind-Training ist offiziell eine Methode zur »Bewußtseinserweiterung und Streßkontrolle« und stützt sich auf die Tatsache, daß unser Gehirn auf Muster des täglichen Lebens reagiert; die Silva-Methode kombiniert diese eingeprägten Erfahrungen mit neuen, kreativen Elementen und setzt uns selbst dabei im Laboratorium an die Schalttafel. Hier gibt es die Ausrüstung für alle Eventualitäten, wir können alle Ziele auf dem Bildschirm projizieren, geistigen Gedanken völlig freien Raum lassen, die Dinge drehen und wenden und – als Voraussetzung für Wirksamkeit – positiv aufladen.

Allerdings, nachdem wir die Negativpunkte aufgearbeitet haben. Auch dazu sind die Ratgeber da, sie sagen uns, was wir falsch machen, was wir verdrängen. Deshalb dürften wir uns auch keine Ratgeber erschaffen, die *für* uns arbeiten, sondern welche, *durch* die wir arbeiten können. Nur so erfolgt die wirkliche, manchmal durchaus dramatische Auseinandersetzung auf der mit allen Charakteren besetzten inneren Bühne eines Menschen. Nur so kommen wir weiter.

Ich benutze die Silva-Methode durchaus auch zu Selbsterkenntnis. Aber vor allem zum Heilen anderer ist sie für mich mittlerweile die ideale Methode. Tief unten in meinem Laboratorium bleibe ich für jedesmal mindestens zwanzig Minuten und konzentriere mich auf den Menschen, dem ich meine Heilkräfte schicke. Ich denke dabei nicht nur, daß meine Energien ihn heilen sollen, sondern arbeite an ihm mit ganz konkreten, bildhaften Vorstellungen – mit vielen Erfolgen, und das wundert mich auch nicht sonderlich. Silva-Mind wird zwar ganz zeitgemäß als Methode zur »Geistkontrolle« dargestellt, was sehr sachlich klingt. In Wahrheit – so sehe ich das – basiert die Methode auf alten magischen Erkenntnissen aus dem ägyptischen und indianischen Bereich, sie wird nur in zeitgemäßer Form aufbereitet. Von Asien bis zum alten Rußland: Magier gingen immer über spezielle Methoden in Trance, um dann ihre Geistenergien auf den Weg schicken zu können. Gedanken sind sehr machtvolle und wirksame Energien, frei von Begrenzungen durch Zeit und Raum. Ich schicke sie auf den Weg zu Kranken, denen ich helfen will.

17 Fälle aus meiner praktischen Arbeit

Vielleicht mag es etwas verwirrend für Sie sein, wenn ich Ihnen so viele verschiedene Bereiche und Methoden kurz vorstelle. Aber das Leben ist auch nicht ultimativ, es gibt immer viele verschiedene Wege. Freilich gibt es nur ein Ziel, nur eine Grundschwingung. Wie man die lebt, das ist jedem einzelnen von uns überlassen. Fruchtlose Auseinandersetzungen, ob Karten nun besser seien als Horoskope, interessieren mich nicht. Ich mache das, was mir gerade als passend erscheint und verliere dennoch nie den Überblick, weil das Ziel und die dafür notwendige geistige Kraft immer vorhanden sind.

So sind Karten beispielsweise gute Hilfsmittel für mich, ich käme aber auch ganz ohne sie zu meinen Aussagen. Meine Kommunikationsbasis mit dem Universum ist *in* mir, und wenn ich die Karten lege, heißt das ja nicht, daß die Karten etwas sagen, sondern sie sagen etwas *durch* mich. So wie ein Pendel an sich auch rein gar nichts tut, sondern nur durch den erfahrenen Pendler zu einem hochsensiblen Kontaktgerät wird. So gibt es für mich auch keine strengen Vorschriften, wie ich bei welchem Ratsuchenden vorgehe. Bei manchen Klienten brauche ich keine Karten, keine Numerologie, keine Steine, nichts. Ich sehe, was ist und was zu tun ist. Bei anderen greife ich intuitiv zu den Karten, wobei ich meist mit dem französischen Legespiel der Madame Lenormand arbeite, das in Deutschland kaum verbreitet ist. Bei anderen Menschen weiß ich sofort, daß ich hier exakte numerologische Berechnungen anstellen sollte. Für viele Klienten mache ich magische Rituale, und für manche arbeite ich mit Visualisieren nach der Silva-Methode.

Ganz nach meinem eigenen Gefühl gehe ich auch in Dingen vor, die mein Privatleben betreffen. Vor kurzem hatte ich einen sich ewig hinziehenden, ärgerlichen Gerichtsprozeß mit einer weit entfernten Verwandten. Der Richter, der den Vorsitz hatte, schien mir besonders befangen zu sein, er giftete mich permanent an, obwohl es wirklich keinen Grund dazu gab. Ich habe mich hingesetzt und ihn wegvisualisiert, mir gleichzeitig eine Richterin visualisiert, weil ich einfach dachte, da würde ich fairer behandelt werden. Das mußte ich – wie übrigens auch, wenn ich Kranke gesund visualisiere – mehrere Wochen tun, aber dann hatte es Erfolg: Ein Brief von meinem Anwalt kam, in dem dieser schrieb, es sei zwar sehr ungewöhnlich, aber der Richter sei versetzt worden; den Vorsitz habe nun eine Richterin.

Manchmal passiert es, daß Freunde oder Klienten sich durch Ungeschick eine kleine Verletzung zufügen. Hier arbeite ich nach der sogenannten »Handschuhbetäubung« der Silva-Methode: Ich zähle mich in die Entspannung hinunter (von drei bis eins und zehn bis eins) und imaginiere mit offenen Augen – dabei kann ich sogar reden –, wie meine rechte Hand in einen Kübel mit Eiswasser eintaucht. Die Hand wird kalt wie ein Eisklotz, ich lege sie auf und kann für gute zehn Minuten die Blutung stillen: Kleine Vorgänge, sie illustrieren nur, was mit der Tiefenentspannung mit anschließender Visualisierung alles möglich ist.

Für mich war es wirklich der Weg, meine Heilerfähigkeiten sehr direkt auf eine nichtstoffliche Energielinie zu schicken, wobei Entfernungen nach meinen bisherigen Erfahrung keine Rolle spielen. Für Heilungen nehme ich mir etwa im Dreiwochenrhythmus einen Klienten als Priorität vor und visualisiere ihn täglich. Eine solche Zeit permanenten Energie-»Beschusses« braucht eine Krankheit meist schon, bis sie sich auflöst. Es gibt Krankheiten, bei denen es schneller geht, und welche, die selbst so viel zerstörende Energie in sich tragen, daß ich nicht dagegen ankomme. Dazu gehören Krebs und Aids.

Aber ich betreue einige Krebs- und Aidskranke und habe ihnen helfen können: Nach meinen intensiven Visualisierungen ging es bisher jedem von ihnen tatsächlich besser. Jürgen* zum Beispiel ist ein fünfundzwanzigjähriger Aidskranker, dessen T-Helferzellenanzahl extrem tief heruntergesunken war und dem es entsprechend schlecht ging. Ich habe versucht, die Zahl dieser T-Helferzellen heraufzusetzen, aber das gelang mir nicht. Eigenartigerweise blieben sie in der Anzahl niedrig, aber Jürgen ging es nach sehr kurzer Zeit ganz erstaunlich gut. Die Ärzte im Schwabinger Krankenhaus wunderten sich sehr; sie können ja exakt den derzeitigen biologischen Zustand der Aids-patienten analysieren, und der von Jürgen stand in starkem Gegensatz zu dem, was sein müßte. Mittlerweile versuche ich ihm seit einem Jahr zu helfen, und jedesmal, wenn ich erneut einen intensiven Block an Visualisierungen für ihn mache, geht es ihm wieder ganz deutlich besser.

Aber ich will auch in aller Klarheit sagen, daß ich hier nur lindern kann. Aids ist wie Krebs eine den Körper so elementar und in breitester Front angreifende Krankheit von solcher Ag-gressivität, daß ich zu mehr nicht in der Lage bin. Ich bin auch nicht auf Aids »spezialisiert«, wie vor kurzem völlig mißver-ständlich eine Illustrierte über mich schrieb. Da werden bei den bedauernswerten Infizierten völlig falsche und viel zu hochge-steckte Hoffnungen geweckt.

Warum meine Art zu heilen bei anderen Krankheiten sehr gut wirkt, weiß ich nicht genau. Auf jeden Fall läßt sich der Körper des Kranken über meine Energie extrem gut bei Gallensteinen aktivieren. In einem Jahr hatte ich sechs Klienten, die an Gallen-steinen litten; und in jedem Fall schaffte ich es tatsächlich nach zwei bis höchstens drei Wochen, die Gallensteine zum Ver-schwinden zu bringen. Und zwar restlos.

Ingrid aus Starnberg hatte nach Aussagen der Ärzte rund dreißig kleine Gallensteine; die Operation stand unmittelbar bevor. Bei ihr habe ich nur drei Tage intensiven Visualisierens gebraucht, und die Steine waren weg. Sie ging mehrmals zu Nachuntersuchungen, und das Ergebnis war immer negativ. Ich

* alle Klientennamen geändert

habe hier auf meiner tiefsten Grundstufe in meinem Laboratorium ihren Körper visualisiert und ihn im Gallenbereich geöffnet, die Galle herausgenommen, wie eine Tüte ausgeschüttelt, so daß alle Steine herausfielen, und die Galle dann mit einer meiner Arzneien im Laboratorium, einem Wunderwasser, ausgespült und wieder eingesetzt, danach den Körper wieder ohne Wunde geschlossen.

So, nun werden wieder einige Herren den Kopf schütteln und sagen, die spinnt! Denn ich weiß, manche können noch so viele Theorien über sogenannte »übersinnliche« Energien lesen und die sogar für gut finden, aber Gallensteine... Es macht für mich nicht viel Sinn, mit solchen Zweiflern herumzudiskutieren und ihnen langwierig klarzumachen, daß ihr »Spüren« und mein Heilen das gleiche ist, nur daß meine mentale Kraft und meine Fähigkeiten, Energien auszusenden und zu empfangen, hunderttausendfach intensiver und darum wirksamer sind. Ich könnte sie auch auf zahlreiche und seit Jahrzehnten betriebene Untersuchungen der Parapsychologie hinweisen über nicht mehr von der Hand zu weisende Fälle von plötzlichen Materialisationen und Dematerialisationen. Aber schließlich können wir andere Wege nur anbieten und erklären; wer sich dennoch bereitwillig den Bauch öffnen lassen will, ohne wenigstens mal ein paar Gedanken daran zu verschwenden, was noch möglich wäre, der muß auch wissen, was er tut!

Anna traf ich in Bad Dürkheim auf einer Schönheitsfarm, wo ich einen Vortrag über Esoterik hielt. Sie saß an diesem Abend mit schmerzverzerrtem Gesicht da und erzählte im späteren Gespräch, sie habe Gallenkoliken und zudem eine Endometriose, eine Wucherung der Gebärmutter-Schleimhaut. Ich sagte ihr, sie solle ruhig zu Bett gehen, ich werde ihr helfen. In meinem Zimmer visualisierte ich sie; ich bin es ohnehin gewohnt, nachts zu visualisieren, weil die Menschen dann schlafen und ich am intensivsten auf sie einwirken kann. Am Morgen kam sie mit frischem Gesicht ganz fröhlich in den Frühstücksraum und erzählte, die Schmerzen seien wie weggeblasen. Seit langem konnte sie das erste Mal wieder normal essen, was ihrer Seele sichtlich guttat. Damit waren natürlich die Gallensteine nicht verschwunden; ich habe drei Wochen weiter an ihr in meinem Laboratorium gearbeitet, immer wieder unter intensivstem Energieaufwand ihre Gallensteine beseitigt und ihre Gebärmutter geheilt. Danach waren Steine und Wucherung verschwunden. Ihr Mann, Leiter einer nicht unbedeutenden Parfümfirma, konnte es nicht glauben und schleppte sie von Arzt zu Arzt. Das kostete etwas Geld, aber die Diagnose blieb die gleiche: Kein Befund mehr.

Als Erich, ein Möbelfabrikant aus Donaueschingen, zu mir kam, stand auch er vor einer Operation. Er hatte mit seinen fünfundfünfzig Jahren ein Raucherbein. Sein rechter Fuß war schon ziemlich schwarz. Ich wußte, das war schon ein recht schwieriges Stadium, aber ich fühlte, daß es noch nicht ganz zu spät war. Ich sagte ihm, es werde ohne Amputation gehen, er würde nur einen Bypass aus körpereigenen Venen bekommen. Dann visualisierte ich ihn mehrmals täglich, denn der Operationstermin stand schon fest. Ich visualisierte sein Bein und öffnete seine Adern und Venen immer wieder mit einer Art Reißverschluß; dann weitete ich sie vorsichtig. Erich selbst war depressiv und wollte ständig sein Testament machen, »sein Haus richten«, wie er sagte. Dann hörte ich einige Tage nichts mehr von ihm, bis er am Abend anrief und beglückt sagte: Die haben mich noch mal untersucht und festgestellt, daß plötzlich wieder etwas Blut ins Bein fließt. Er bekam inzwischen den Bypass, und das Bein erholt sich langsam wieder. Seit einiger Zeit visualisiere ich Erich auf maximal zwei Zigaretten täglich – er hatte zuvor über drei Schachteln am Tag geraucht.

Um meine Energien einzubringen, muß ich jedesmal eine gute bildhafte Technik finden; ich muß in meinem Laboratorium sozusagen an den Menschen herumbasteln. Das Laboratorium ist für mich eine magische Werkstatt, nicht nur ein Schaltpult vorwiegend zur Streßbewältigung, wie in der Silva-Methode eigentlich gedacht. Manchmal bitte ich meinen auch sehr stark esoterisch veranlagten Lebensgefährten, einen Klienten gemeinsam mit mir zu visualisieren. Wie in der materiellen Welt gilt auch im nichtstofflichen Bereich das Gesetz, daß mehr Masse mehr bewirkt. In der transzendentalen Meditation wurde dies schon in mehreren Studien nachgewiesen, mir war das seit jeher klar: Konzentrieren mehr Menschen eine geschulte magische Gedankenkraft auf ein Ziel, entsteht eine sehr mächtige Energie. Sie selbst können das mit einfachen Dingen – es muß ja nicht gleich um Heilen gehen – auch ausprobieren. Aber bitte nur mit positiven Wünschen.

Ein schwieriger Fall im Heilungsbereich war ein etwas älterer Herr, Direktor einer Firma, der an Lungen- und Magenkrebs mit Metastasen litt. Das Schlimme für ihn war nicht das Nahen des Todes in absehbarer Zeit, da machte er sich nichts vor und hatte auch sehr aufgeklärte Gedanken darüber. Schlimm waren seine unerträglichen Schmerzen. Ich bin sehr froh, daß ich sie ihm für lange Zeit weitgehend nehmen konnte.

Natürlich können meine Klienten mich nicht kontrollieren, wenn ich sie visualisiere. Aber wie intensiv ich für sie arbeite, wissen sie dennoch. Sie spüren es. Sie rufen oft am nächsten Vormittag an und erzählen, es gehe ihnen wieder viel besser und sie hätten in der Nacht von mir geträumt, hätten meine Anwesenheit im Schlaf gespürt. Das ist gut so, denn je größer die Empfangsbereitschaft des Klienten ist, desto wirksamer sind die Visualisierungen. Allerdings wissen sie nie vorher, wann ich für sie arbeite. Gerade ihr Bemühen, sich auf meine Energieströme einzustellen, könnte sie verkrampfen und den gesamten hohen Mentalfluß blockieren. Ich sage ihnen, ihr merkt es von selbst, und das ist auch fast immer so.

Auch eine meiner Töchter mußte ich visualisieren, als sie zwei Zysten am Eierstock hatte, eine davon apfelsinengroß. Eine Woche habe ich sie visualisiert, und es half nichts. Dann sollte sie zur Operation in die Großklinik München-Großhadern, und ich visualisierte sie nun drei Wochen lang ganz besonders intensiv. In Großhadern wurde ihr danach gesagt, sie litte wohl unter Einbildungen, auf dem Ultraschall sei nichts Besonderes zu sehen, sie könne heimgehen. Auch spätere Nachuntersuchungen haben nichts ergeben.

Die Reihe meiner Krankheitsheilungen ließe sich noch lange fortsetzen. Öfter habe ich auch schon Frauen visualisiert, die sich lange eine Schwangerschaft ersehnten. Ich muß ihnen natürlich auch konkret anraten, möglichst oft mit ihrem Mann zu schlafen, denn auch hier kommt nichts von nichts.

Freilich besteht meine tägliche Arbeit nicht nur aus Visualisieren von Krankheitsfällen. Nach wie vor verwende ich sehr häufig klassische Hexenmethoden. Das Prinzip ist immer gleich, und ich erlaube mir als Hexe die Technik anzuwenden, von der ich unmittelbar das Gespür habe, daß sie am besten wirkt. Zusätzlich bin ich oft ganz einfach eine einfühlsame Lebensberaterin, aber dies hat ja auch wieder mit dem richtigen Umgang mit den Schwingungen zu tun. Deshalb sage ich ja auch immer, daß die spirituellen Grundprinzipien unkompliziert sind, weil es eben nur *ein* Prinzip gibt. Dagegen wirken die Techniken des Hexenkultes, eine optimale Kommunikation mit dem einen Prinzip zu gestalten, teilweise kompliziert und müssen vor allem ganz exakt ausgeführt werden. Aber in meiner Beratung kann es auch mal beim einfachen Gespräch bleiben. Beispielsweise als eine Botschaftergattin sich bei mir bitter über ihre heroinsüchtige Tochter beklagte. Ziemlich schnell merkte ich, daß die Tochter zeitlebens schlicht unter den übersteigerten Anforderungen der Mutter gelitten und sich deshalb in die Droge geradezu hineingeflüchtet hatte. Da kann die Mutter von mir kein Ritual, kein vielsagendes Kartenorakel verlangen. Sehr schnell habe ich dieser Frau von Mutter zu Mutter klargemacht, daß sie ihre Tochter endlich hilfreicher, liebevoller und ohne permanenten Druck behandeln sollte. Das hat sie schließlich auch eingesehen.

Ähnlich ist es mit dem vierundzwanzigjährigen Manfred, den ich zur Zeit mindestens einmal wöchentlich zur Beratung sehe. Er hat sich nie getraut, er selbst zu sein, und immer alles getan, was seine sehr despotischen Eltern von ihm verlangt haben. Er sollte einen schönen BMW fahren und ein guter, braver Ingenieur werden; das hat er auch alles gemacht. Und steht als junger Mann schon seit vier Jahren unter Alkohol und Psychopharmaka. Seine Numerologie weist klar aus, daß er sehr künstlerisch veranlagt ist, und als ich ihm das sagte, leuchteten seine Augen, und es brach aus ihm heraus: Ja, Graphiker zum Beispiel, das wäre er gerne geworden, und Autofahren könne er übrigens überhaupt nicht leiden; er sei mit der S-Bahn hergekommen. Die Karten sagen mir, daß er es schaffen wird. Und mit meinem ganz normalen Menschenverstand als Beraterin gebe ich ihm möglichst handfeste Tips, damit er seine Eigenständigkeit findet.

Manchmal kommen mir auch Kriminalfälle unter. Für einen Anwalt einer der größten deutschen Rechtsanwaltskanzleien habe ich vorausgesagt, daß seine Mandantin Claudia nicht verurteilt würde. Er hat das für völlig unmöglich gehalten. Gegen das damals sechsundzwanzigjährige Mädchen lag eine Mordanklage vor. Ein reiner Indizienprozeß: Ein enttäuschter früherer Freund von ihr hatte bei der Polizei angegeben, sie habe ihm unter dem Siegel der Verschwiegenheit gestanden, Täterin bei einem bestimmten Mordfall gewesen zu sein. Mehrere Indizien belasteten sie dann so schwer, daß den Juristen eine Verurteilung klar schien, obwohl die Leiche des verschwundenen Mannes nie gefunden worden war. Claudia wurde zuvor sogar über die XY-Fernsehsendung gesucht; ihre eigene Mutter war gegen sie und sagte wider jedes bessere Wissen, ihre Tochter könne eine Mörderin sein. Die Kanzlei rechnete mit einem Strafmaß von mindestens zehn Jahren. Ich habe damals, 1988, mehreren Leuten gesagt, ich sehe klar vor Augen, daß diese Frau unschuldig sei und freigesprochen würde. Jeder hielt das für Unsinn. Claudia wurde freigesprochen.

Oft bietet sich dann wieder die reine Magie an. Wie bei der Russin Natascha, die mit ihrem Mann aus Israel eingewandert war. Sie waren schon zwanzig Jahre zusammen, dann fuhr der Mann zu Besuch nach Litauen und geriet voll in den geradezu magischen Bann einer Frau. Natascha kam zu mir, als er schon ein knappes Jahr weg war. Ich visualisierte ihn, legte die Karten für das Ehepaar und wußte: Sie lieben sich, der Mann ist innerlich in keiner Weise abtrünnig geworden, er hängt vielmehr in seinem eigenen Seelenknoten fest. Hier habe ich mit einer uralten magischen Liebesformel in aramäischer Sprache gearbeitet. Die schrieb ich bei positivem Vollmond – frei von allen negativen Planeteneinflüssen – auf Pergament und schickte diese Energien über den Äther bis zu ihm. Dabei habe ich mich rituell auf ihn konzentriert und ihm gewünscht, daß er den Wert seiner Frau wieder deutlich sieht und sich aus seinen jetzigen Verstrickungen löst, um zu ihr zurückzufinden. Nachdem ich das Ritual dreimal gemacht hatte, kam er voller Liebe wieder zurück und bemühte sich wieder rührend um seine Frau.

Solche Zusammenführungen sind mir schon oft gelungen. Leichter als im oben geschilderten Fall geht es, wenn ein Partner den anderen gerade erst ein paar Tage zuvor verlassen hat. Wenn ich weiß, wo er dann wohnt – oder sie –, kann ich zum Beispiel zu bestimmten Zeiten magische Formeln am Türeingang unter den Fußabstreifer legen. Es hat schon so oft gewirkt. Aber so erstrebenswert das klingen mag, daß ich Partner wieder zusammenbringe, ich muß hier eine ganz kleine Einschränkung machen: Ich bin ganz strikt dagegen, andere Menschen besitzen zu wollen. Emotionen, Trauer, Eifersucht – alles in Ordnung, aber der andere ist eigenständig und kein materielles Eigentum. Er kann geben, aber man kann ihn sich nicht nehmen.

Darum prüfe ich über Karten und Numerologie und natürlich auch über meine Logik und Lebenserfahrung, wenn ich die Menschen erzählen lasse, wie die beiden zueinander stehen. Oft stelle ich fest, daß der Partner, den ich zurückholen soll, wirklich weg ist, mit seiner Seele, mit all seinen Energien. In solchen Fällen unternehme ich nichts. Es wäre ausgesprochen negativ, hier etwas zu tun. Wenn Pole tatsächlich grundsätzlich voneinander wegstreben und schon so weit auseinander sind, daß keine Spannung mehr erzeugt werden kann, ist es sinnlos. Vor vielen Jahren habe ich auch noch in solchen Fällen mit graumagischen

Ritualen mein Bestes versucht. Und es klappt ja wirklich – aber nur für kurze Zeit, für maximal zwei Monate, und ist dann auch nur ein rein sexuelles Aufflammen der eigentlich erloschenen Verbindung.

Wenn ich dann noch beim Klienten spüre, daß es nur um seine Ängste vor Einsamkeit, seinen Egoismus geht, dann nehme ich großen Abstand. In solchen Fällen wäre es ein Irrglaube zu meinen, gute Amulette würden helfen. Sie funktionieren nur als Verstärker der positiven kosmischen Schwingung; der Wunsch aber, einen anderen Menschen ganz zu besitzen, richtet sich gegen diese Schwingung.

Auch beim Visualisieren seines Partners soll man diesen zwar mit schönen Gedanken und Bildern vorstellen, nicht aber im engen Clinch mit einem selbst zusammen. Diesen Egoismus, den Partner besitzen zu wollen, weil man selbst nicht gut auf eigenen Füßen stehen kann, erlebe ich leider zu oft, und ich frage mich dabei, warum diese Menschen nicht versuchen, sich weiterzu-entwickeln. Ich weiß, daß das nicht leicht ist, gerade im Bereich von Liebe und Partnerschaft. Aber angehen sollte es wenigstens jeder.

Weiter fällt mir bei meinen Beratungen auf, daß es in Partner-schaften eine endlose Menge an Sexualproblemen gibt. Nun bin ich ja keine Sexualberaterin, ich kann da nur auf den großen Zusammenhang zwischen Magie und Sexualität hinweisen. Auf die hohe Energie im Sexualchakra und darauf, daß eine freud-volle, lebensbejahende Vergeistigung ohne Verkörperlichung in diesem irdischen Leben nicht recht möglich ist. Jede starke Ent-fernung von der Sexualität schafft nicht nur schlicht und einfach Partnerprobleme, sondern kann gerade bei esoterisch interes-sierten Menschen negative Folgen haben. Sexualität ist die Bo-dennähe, die Erdverbundenheit im Hexenkult, ohne die das auch noch so seriös gemeinte esoterische Bemühen ins Kippen kommen kann, dann drohen große psychische Probleme.

18 Unsere Kraft für die Zukunft

Wir alle suchen nach Glück und Wahrheit – Glück als Gefühl des wirklichen, erfüllten Wohlseins in unserem Leben, Wahrheit als das universale Wissen, das uns sagt, was ist, was sein wird, und warum.

Wo aber erfahren wir Wahrheit, wo Glück? Wie viele Heilsbringer wurden auf diesem Globus erfunden, an die sich viele geklammert haben. Der Hexenkult jedoch kennt seit Jahrhunderten nur *eine* Antwort: *Der Heilsbringer sind wir selbst.* Nur wenn wir selbst alles tun, Glück und Wahrheit zu leben, anstatt darauf wie auf ein Weihnachtsgeschenk zu warten, werden wir sie in unserem Leben erfahren.

Dies hat allerdings das Begreifen zur Voraussetzung, daß die große, erleuchtete, alleinige Kraft – für mich Hexe der Gott AO zusammen mit der Göttin Hekate – nicht in einem Jenseits über uns schwebt und später über uns richtet, wie es viele von uns als religiöse Kindheitsprägung erfahren haben, sondern daß diese Kraft bei uns ist. Um uns, in uns. Das allseits präsente Göttliche, nicht das Punktesammeln fürs Jenseits ist es, was unser Leben lebenswert macht; was uns Hexen auch die Aufgabe auferlegt, Menschen zu helfen, wenn es ihnen schlecht geht, um ihnen wieder zu ermöglichen, an dem göttlichen Wunder der Welt freudvoller teilzunehmen. Dafür setzen wir unsere Magie gerne ein.

Hexen und Magier sind keine Laborwissenschaftler. Sie sind auch nicht objektiv im Sinne der Wissenschaft, sondern strikt subjektiv, haben sich der Natur, dem Leben verschrieben. Für mich ist das die eigentliche Form der Objektivität. Wir haben stets empirisch geforscht, die Wirkungen Tausender von Pflanzen getestet, von Ritualen, nach Verstärkung ihrer mentalen

Energien über magische Hilfsmittel gesucht. Die magischen Riten wurden in früheren Zeiten auch meist im großen Kreis, im Hexenkonvent, später in Logen im Sinne einer Verschmelzung mit der großen göttlichen Energie zelebriert. Dieser Brauch lebt heute an vielen Orten wieder auf.

Ich freue mich darüber auf der einen Seite, auf der anderen sehe ich die Entwicklung teilweise mit Skepsis. Denn bei einigen Frauen besteht die Gefahr, daß ihre Begeisterung für den Hexenkult einhergeht mit wachsender Lebensfremdheit, die letztlich zur Abkapselung und zur Verneinung des ganzen Lebens in einer Kommunikation mit allem um uns führt.

Dies kann auch mit rein weißmagischen Riten passieren. Allerdings nur dann, wenn wirklich von Anfang an im Grundsatz an Magie auf völlig falsche Weise herangegangen wird. Damit so etwas niemandem widerfährt, habe ich in diesem Buch immer und immer wieder darauf hingewiesen, was wirkliche Spiritualität meint – die Auseinandersetzung mit den Polaritäten, die aktive Teilnahme am Leben, die Übernahme von noch mehr Selbstverantwortung, um so zu einer wirklich tief in kosmischen Schwingungen verwurzelten, echten Selbstsicherheit zu kommen. Wer auch nur ansatzweise das Gefühl hat, er drehe sich abgekapselt von der Umwelt im Kreise und komme mit den mächtigen kosmischen Energien nicht zurecht, der sollte sich durchaus nicht scheuen, auch die Hilfe eines Psychologen in Anspruch zu nehmen. Denn eine verkehrte Auffassung des Hexenkultes in einer bedenklichen psychischen Verfassung kann – wie sonst das Positive – in diesem Fall für die Persönlichkeit Schädliches potenzieren. Was man dann an Zeichen, Tönen, Menetekeln zu sehen, hören und spüren glaubt, ist nicht mehr das wunderbare Leben um uns; man läuft vielmehr Gefahr, von eigenen Halluzinationen gestoppt zu werden, gefüttert von wachsendem Aberglauben, der meist mit wachsenden Lebensängsten einhergeht und schließlich zu Phobien oder Schizophrenien führen kann. Das ist ein falsch verstandener introvertierter Weg, der die Ohren nach außen verschließt, der sich früh von unserem spirituellen Weg abgezweigt hat.

Es wäre Unsinn, über solche Gefahren nicht zu sprechen. Es ist aber ebenso Unsinn zu sagen, die Weiße Magie selbst und der Hexenkult seien eine Gefahr. Es ist Aufgabe des einzelnen Menschen, richtig mit dem umzugehen, was ihm zur Verfügung steht. Der Hexenkult ist mit seinen grundsätzlichen Mustern über unser Leben sehr einfach faßbar, er ist sehr rigoros in der Bejahung allen Lebens und in der Zuweisung der Verantwortung an Menschen für die Erhaltung und positive Weiterentwicklung dieses Lebens. Da kann es eigentlich keine Mißverständnisse geben. Ich kann als Hexe nicht oft genug betonen, daß im Hexenkult blanker Egoismus völlig fehl am Platze ist, daß wir demütig mit dem Universum und seinem Geschenk, unserem menschlichen Leben auf der Erde, umgehen müssen. Wer mit Egoismus – machtbesessen, weinerlich oder konsumsüchtig – an diesen spirituellen Weg herangeht, hat sein Scheitern bereits programmiert:

● Machtbesessenheit stellt sich selbst in den Mittelpunkt und meint damit, die Schwingung, nach der alles funktionieren soll, selbst vorgeben zu können.

● Die weinerliche Ichbezogenheit hat versäumt, alle Zeichen, die im bisherigen Leben gegeben wurden, Leidenszeiten miteinbezogen, als einen fruchtbaren Anstoß zur Weiterentwicklung anzunehmen; schließlich dreht sich das Individuum im isolierten Selbstmitleid nur noch um sich selbst, kann von außen keine Signale mehr empfangen.

● Der Konsumwahn schließlich kleistert alle potentiellen Empfangskanäle für tiefe spirituelle Erfahrungen, die doch eigentlich sensitiver gemacht werden sollen, von vornherein mit der Vorstellung zu, er könne sich magisches Wissen aus dem Hexenkult schnell und glatt erkaufen.

All diese Wege führen in eine Irre abseits jeglicher geistigen Entwicklung. Bei ihnen geht es nicht um Selbstverantwortung, sondern sie führen die Menschen in psychotische Probleme und in neue Abhängigkeiten von Gurus und Moden. Gewiß, es sieht so auch, als würden sich wirklich mehr Menschen für den spirituellen Weg interessieren, sei es nun über den Hexenkult oder

über andere esoterische Wege. Aber das erste – oft nicht beach-
tete – Gebot dabei muß sein, an diese Bereiche nicht mit dem
üblichen Denken heranzugehen, sondern unvoreingenommen,
ohne Normen, ohne Egomanie, ohne geistige Kurzsichtigkeit.
Nur so kann das Erkennen folgen, daß die vielen Bilder in
unserem Hexenkult Metaphern sind, die uns die Kraft zur Ver-
bindungsaufnahme mit anderen Energien geben. Wenn unsere
Metaphern als tatsächlicher Ersatz für die Realität und nicht als
kraftvoller, spiritueller Weg zur Realität angesehen werden,
führt das zum Realitätsverlust.

Im Kapitel über die Planetenrituale habe ich gesagt, daß ich mir
beim Meditieren im Venusritual Venus als schöne Frau vorstelle.
Natürlich kenne ich Satellitenbilder vieler Planeten und weiß,
daß sie wie nüchterne Steinkugeln ohne jedes bisher erkennbare
Leben unserer Art aussehen. Das heißt, wir dürfen nicht die
Bilder als schönes Scheinbild sehen. Sonst werden sie zum Mittel, das vielen in Wahrheit nur der Flucht aus der realen Welt
dient. Wir leisten uns vielmehr Metaphern, weil sie wie ein
Katalysator ein Zusammengehen unserer eigenen mit den anderen spirituellen Energien ermöglichen: Katalysatoren voller
Symbolkraft, in Jahrhunderten endlos oft erprobt.
    Nur mit Metaphern, nur mit exakten Bildern, die ich mir
mache, habe ich beim Visualisieren auch so gute Heilungserfolge
bei Kranken. Mit der Metapher schaffe ich es, Gefühle nicht
einfach um mich herum zu verstreuen, sondern kann eine ganz
klare, genau zielgerichtete Energie dem Kranken schicken. Gefühle haben wir den ganzen Tag, und damit bewegen wir – oft
zum Glück – nichts, höchstens wir selbst fühlen uns »innerlich«
wunderbar gefühlsmäßig bewegt. Das ist aber keine Spiritualität, und Magie kann auch nicht über Gefühle funktionieren. Die
unendlichen all-mächtigen Energien um uns, an die wir uns an-
koppeln wollen, sind ja auch keine Gefühle. Mit dem Universum
über Gefühlswallungen in Kontakt kommen zu wollen, wäre die
babylonische Sprachverwirrung in esoterischer Ausprägung.
    Wenn ich manchmal sage, ich »fühle« etwas bei einem Men-

schen, oder ich »fühle« eine negative Planetenstellung, ist das etwas anderes. Ich bade dann nicht in hausgemachten Emotionen, die in mir entstanden und nur in mir rotieren, sondern ich spüre Strömungen von außen – damit sind Energien gemeint. Diese Unterscheidung ist mir wichtig, weil ich im Zuge der neuentdeckten Esoterik Menschen beobachte, die in ihren Gefühlswallungen, die sie für Spiritualität halten, fast ertrinken. Das läuft dem Hexenkult aber zuwider. Wir müssen lernen, von der allgemeinen Tendenz, Gefühle seien grundsätzlich etwas Wunderbares, wegzukommen. Wir müssen lernen, all das, was uns an Gefühl überkommt, zu differenzieren, um wirklich etwas aus der großen Kraft der echten Gefühle, des echten Fühlens zu machen. Wir müssen also unterscheiden, welche Emotion als zielgenaue, kraftvolle Energie eingesetzt werden kann, und was nur ein sentimentaler Anfall ist. Nur aus dem wirklich energetischen Gefühl kann auch etwas entstehen, bis hin zum Wachsen gesellschaftlicher Werte. Gefühlswallungen hingegen sind für die Bewältigung momentaner Situationen zwischen Menschen sehr wichtig, aber in unserem energetisch-magischen Sinne wabern sie nur so vor sich hin.

Schauen wir doch den Kindern genauer zu, anstatt sie ständig zu tadeln. Kinder, die schon etwas älter sind, wissen längst, daß es den Weihnachtsmann nicht gibt und sich hinter dem schönen roten Gewand und dem wallenden, angeklebten, weißen Bart der Nachbar oder Onkel verbirgt. Und doch brauchen sie den Weihnachtsmann, weil er ihre Metapher ist, ihr bildhafter Ausdruck ist für den Fixpunkt im Jahr, wo Frieden herrscht, die Familie zusammen ist, sie, die Kinder, im Mittelpunkt stehen. Solche Feste sind für Kinder keine Gefühlsduselei, sondern aktivieren bei ihnen die Urkraft für die Basiswerte Frieden, Liebe, Vertrauen, Geborgenheit.

Wir Erwachsenen sollten uns den Sensor für diese Urkräfte auch wieder freimachen. Sonst laufen wir Gefahr, bei etwas kitschigen und naiven Gefühlsaufwallungen steckenzubleiben, die und peinlich sind und über die wir später im intellektuellen

Gespräch verlegen kichern. Und bei uns heimlich schwören, uns das nächste Mal bei dem herzbewegenden Kinofilm noch mehr zusammenzureißen – wir machen also weiter zu. Anstatt daran zu arbeiten, unser gefahrvoll auf Sentimentalität reduziertes Gefühlsleben wieder auszugraben und zu einem kraftvollen energetischen *Gefühlserleben* aufzubauen.

Magie mit all ihren Ritualen kann nur wirken, wenn Sie Tränen nicht verdrängen, sondern als neuen Anfang für eine größere und aktive Gefühlswelt nehmen. Nur so können Sie die Kräfte, die durch Symbolik und Bildersprache in der Magie machtvoll hochkommen, weiterleiten, nutzen, für sich selbst und die anderen.

Vergessen Sie hier ruhig auch zeitweise Ihre Intellektualität! Wenn Sie den Sinn der Hexenmagie verstanden haben, geraten Sie auch ohne Überbeanspruchung des Intellekts nicht in die Gefahr, sich in naivem und abergläubischem Unsinn zu verstricken. Der Grund: Hexenmagie und wohlverstandene Esoterik folgen generell den Gesetzen der Natur und allen Lebens, die handfest sind und auf exakten, sinnvollen Ordnungen beruhen.

Intellekt heißt Unterscheidungsfähigkeit, und die schwingt bei jedem gesunden Menschen ohnehin in genügendem Maße mit, ohne daß er dies extra aktivieren müßte. Eine Überbetonung des Intellektuellen, die ausschließliche Benutzung der linken Hirnhälfte – oft nur ein Mittel zur plakativen Selbstdarstellung –, verhindert jedoch, daß Dinge als heiles Ganzes gesehen werden. Heiler, wieder ganz zu sein in sich und mit allem, das ist ja auch nicht von ungefähr der sehnsüchtige Wunsch der meisten Menschen. Die Erfüllung dieses Wunsches ist viel wichtiger, als permanent der Umwelt beweisen zu wollen, wie unglaublich klug man ist. Heil sein heißt ja selbstständig sein, und wenn wir das sind, können wir leichten Herzens darauf verzichten, uns ständig vor den anderen beweisen zu wollen.

Das ist auch der Sinn meiner Beratungen. Viele im spirituellen Bereich versuchen, ihre Klienten abhängig zu machen, um ein zahlendes »Stammpublikum« heranzuzüchten. Ich finde das nicht gut; meine größte Freude ist es, wenn der Mensch nach ein paar Beratungen schon auf einem eigenen, neuen Weg ist, zu dem ich ihm nur einige Anstöße im rechten Moment gegeben habe.

Je mehr Menschen auf diese Art selbständig werden, desto weniger können Diktatoren Hunderttausende ihrer Landsleute in sinnlose Kriege schicken, desto weniger können selbsternannte Macher weiter ungestört unsere Umwelt vernichten. Wir dürfen ja bei all der Individualität, die der geistige Weg beschwört, keinesfalls vergessen, daß wir es immer mit großen Gruppenentscheidungen zu tun haben: in der Bildung, der Politik, im Beruf. Darum ist die hohe Entwicklung des Individuums so nötig. Sonst erreichen wir Frauen beispielsweise es nie, uns stärker und deutlicher in diesen großen Gesellschaftsgruppen zu artikulieren und durchzusetzen.

Mein Eindruck war immer, daß wir mit politischer Verbissenheit schwer weiterkommen. Das ist aus allem, was ich bisher erklärt habe, sicher auch verständlich. Frauen haben auf ihrem Weg zuviel Energie verschlissen und zuwenig erreicht. Vielleicht waren viele Frauen dabei zu sehr damit beschäftigt, sich zu munitionieren, anstatt sich souverän selbst zu entwickeln. Ich meine damit nicht, daß ich gegen solche sozialpolitischen Kämpfe wäre. Sie sind absolut nötig. Ich meine nur, daß wir auch in diesem Bereich nicht mit Einseitigkeiten weiterkommen, die ausschließlich betrieben werden.

Wie ich stets betone: Zu jeder Magie gehört das praktische Leben. Zum Ritual, zur Magie müssen Sie auch entsprechend handeln, Ihren Teil aktiv leisten. Zur Fruchtbarkeitsmagie müssen Sie im Schlafzimmer aktiv sein, zur Visualisierung einer Gesundung des Raucherbeins muß der Betreffende das Rauchen aufgeben und selbstverständlich zusätzlich zum Arzt gehen. Es gibt schließlich nicht nur die spirituelle Energie, sondern auch die materielle, die sehr wirksam ist, wie wir von gelungenen Operationen bis hin zum Autounfall wissen. Diese Energieformen bedingen und beeinflussen sich gegenseitig. Wir müssen lernen zu erkennen, wann welche Energie wirksamer ist — dann sind Energieflüsse berechenbarer und zu unseren Gunsten nutzbar: Ziel jeder Magie. Dann passiert es nicht mehr, daß scheinbar urplötzlich eine unerwartete Energie auf schlimme Weise frei wird.

Dazu ein Beispiel: Wenn ein Mensch einem seit langer Zeit in ihm wachsenden Veränderungsdruck nicht nachkommt, nicht sensitiv genug ist, ihn zu erkennen, wird dieser Druck sich irgendwann materiell frei machen. Das kann beispielsweise in einem schweren Unfall geschehen, der dann die geforderte Veränderung schafft. Daß diese keine angenehme ist, interessiert die Energien wenig; sie suchen sich ihre Bahnen.

Wer das nicht begreift, für den kann diese Ignoranz gefährlich sein. Für alle anderen ist es unsere Chance: Wir wollen uns entwickeln, um die Energien besser zu erkennen, mit ihnen umzugehen, mit ihnen in magischen Ritualen positive Verbindung aufzunehmen. Dann bringen wir die Energien in die richtige Bahn.

Darum die Beispiele für Übungen und Rituale in diesem Buch, darum meine Bitte, daß Sie wie eine Hexe kosmisch-bewußt leben, daß Sie von Ihren ganz essentiellen Lebensvorgängen bis zum Alltag im Einklang mit der großen Energie leben.

Denken Sie an die vielen asiatischen Gemälde, auf denen wir sehr oft Zenmeister an einem Fluß sitzen sehen! Der Fluß ist die Metapher, die in ihnen besondere Energien freisetzt: Der Fluß gleicht dem Kosmos – nie hektisch, immer ruhig und majestätisch die Landschaft bestimmend, Ruhe verströmend, aber dennoch aktiv im Fließen, in permanenter Veränderung; keine Sekunde gleicht seine Oberfläche derjenigen eine Sekunde zuvor, und kein Fluß fließt wie der andere, obwohl sie alle denselben Prinzipien gehorchen. Das ist die Form von Selbstbestimmtheit, zu der sich wir Menschen entwickeln und aus der wir kraft unserer besonderen Fähigkeiten unendlich viel Schönes schöpfen können.

Unser aktives Leben unter diesen großen Prinzipien ist kein Kunststück, es beginnt bei den normalsten Vorgängen. Beispielsweise beim Atmen: ein, aus, ein, aus, ein, aus. Vollziehen Sie das einmal bewußt! Bereits hierbei können Sie das ganze Prinzip des Universums gleich vierfach begreifen:

● Der Atem ist unwillkürlich; nicht Sie atmen, »es« atmet – wie das kosmische Gesetz, das uns leitet. Aber wir haben trotzdem als Mensch einen Entscheidungsspielraum: Wenn wir uns dem Atem gut angleichen, geht es uns prächtig; wenn wir »falsch« atmen, fühlen wir uns unwohl. Und wenn wir hundertprozentig gegen das kosmische Prinzip arbeiten, also gar nicht atmen, sind wir tot.

● Harmonie und Gesundheit überhaupt erhalten wir nur bei einer ständigen Beachtung der Polarität – ohne Einatmen kein Ausatmen.

● Gesundes individuelles Leben des einzelnen gibt es nur in innigster Kommunikation mit der Umwelt – ohne das Einatmen der Luft, der Energie von außen, welche die ganze Erde umhüllt und damit den direkten Kontakt zum All hat, kann der Mensch nicht leben.

● Luft ist es auch, die keine Grenzen hat, die uns nicht nur symbolisch, sondern praktisch zeigt, wie alle menschlichen Individuen miteinander verbunden sind – weil sie alle die Luft atmen, die rund um den Globus ein einziges gemeinsames Element bildet.

Atmen Sie daher bewußt – ein, aus, ein, aus –, atmen Sie schlechte Energien aus und nehmen Sie kosmische und alles verbindende Energien auf. Besonders Männer sollten sich darauf konzentrieren, die Brustatmung, die die ganze untere Körperhälfte blockiert, öfter durch eine bewußte Zwerchfellatmung zu ersetzen. Spüren Sie beim Ausatmen, wie die Kräfte Ihres Gehirns in den Körper hinabfließen; beim Einatmen, wie die Kräfte Ihres Sexualchakras hinauf bis an Ihren höchsten Punkt im Kopf steigen – und Sie werden sich mehr denn je als ganze, heile und bewußte Persönlichkeit fühlen!

Ich habe dieses Beispiel zum Schluß bewußt gewählt. Denn selbst mit solchen einfachen, elementaren Abläufen, die die meisten von uns einfach unüberlegt als gegeben nehmen, wird deutlich, was Entwicklung im Sinne des geistig-spirituellen Weges ist: was, wenn wir sie mit offenem Herzen nutzen, unsere große, ganzheitliche Kraft für die Zukunft sein kann und wird.

Heute leiden so viele von uns darunter, daß sie sich einsam und unselbständig fühlen. Das ist, genau betrachtet, ein schlimmes Paradoxon: Sie fühlen sich allein. Und sind nie für sich.

Wenn wir den richtigen Weg gehen, sind wir nie mehr allein. Aber immer für uns.

Wer Kontakt zu Sandra
aufnehmen möchte,
kann dies über folgende
Anschrift tun:

Mühlbacher
Postfach 70 13 08
8000 München 70

Magisches Denken

FRAUEN GEBEN IMPULSE ZUR SPIRITUALITÄT

Anneliese Harf
Himmel und Erde
verbinden   11817

Stephanie Merges
Du bist mehr, als Du
denkst   11841

Divo Köppen-Weber
Du bist der neue Mensch!
11883

Laeh Maggie Garfield
Der heilende Klang
11852

Lea Sanders
Die Farben Deiner Aura
11844

Cia Criss
Reise zur Wahrheit
11863

GOLDMANN

HEXEN UND SCHAMANEN

Sergius Golowin
Die weisen Frauen
12068

Aradia
Die Lehren der Hexen
11816

Sergius Golowin
Das Reich des Schamanen
11885

Harold A. Hansen
Der Hexengarten
11784

GOLDMANN

AUSSERKÖRPERLICHE DIMENSIONEN

Moritz Boerner
Weisheit aus dem
Unbewußten   11824

Robert Masters und
Jean Housten
Phantasie Reisen   11843

Moritz Boerner
Das Tao der Trance
12050

Robert A. Monroe
Der zweite Körper
12059

Laeh Maggie Garfield
Jack Grant, Geisthelfer
11811

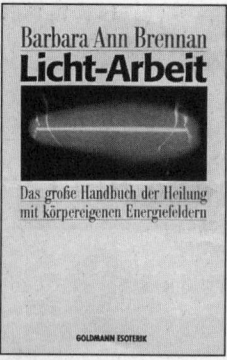

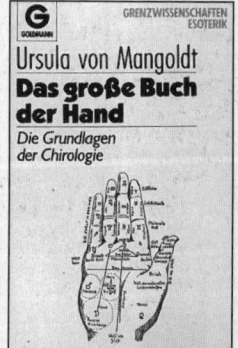

DER INDIANISCHE WEG
DES WISSENS